평화비추는숲

- 평화비추는숲은 2011년 회복적 생활교육을 제안하며 '생활지도'에서 교육으로의 패러다임 전환을 위해 실천·연구해 온 (사)좋은교사운동 회복적생활교육센터의 새로운 이름입니다.

- 평화비추는숲은 학교 공동체와 시민사회를 대상으로 회복적 정의와 교육을 실천·연구하여 평화로운 사회 공동체의 회복을 위한 비영리 전문교육운동 단체입니다.

peacelight.co.kr

• 일러두기 : RESTORATIVE JUSTICE IN EDUCATION은 문맥에 따라 〈회복적 교육〉, 〈회복적 실천〉으로 옮겼습니다.

회복적 교육

책임, 치유, 희망을 일구는 교육 철학

캐서린 에반스, 도로시 반더링

안은경 옮김

Originally published in English under the title ;
THE LITTLE BOOK OF ***RESTORATIVE JUSTICE IN EDUCATION***: *Fostering Responsibility,* Revised & Updated.
by Katherine Evans and Dorothy Vaandering.
Published by Skyhorse Publishing Inc.
307 West 36th Street 11th Floor, New York, NY 10018 USA. .

정의와 평화 실천 시리즈

회복적 교육 (개정판)

지은이 캐서린 에반스, 도로시 반더링
옮긴이 안은경
초판 2020년 5월 15일
개정판 2025년 10월 28일

펴낸이 배용하
책임편집 윤찬란
등록 제364-2008-000013호
펴낸곳 도서출판 대장간
www.daejanggan.org
등록한곳 충남 논산시 매죽헌로 1176번길 8-54, 101호
대표전화 전화 041-742-1424 전송 0303-0959-1424
분류 회복적정의 | 교육 | 학교
ISBN 978-89-7071-525-4 13370

값 12,000원

차례

5장 • 건강한 관계로 성장하기

6장: 피해를 회복 및 갈등 전환하기

3부 • 지속 가능한 성장

추천의 글

회복적 숲을 기대하며

박숙영

회복적생활교육센터장 • 『회복적 생활교육을 만나다』 저자

회복적 정의가 사법뿐 아니라 교육에까지 영향을 미치면서 회복적 훈육, 회복적 생활교육, 회복적 학교, 회복적 교육으로 진화되어 가고 있다. 한국에서도 회복적 정의에 기반한 교육으로 '회복적 생활교육'이 학교현장에서 확산되고 있다. 한국에서의 회복적 생활교육은 '학교폭력의 대안'을 찾는 과정에서 시작되었고, 초기에는 문제해결을 위한 방법론과 기술에 집중해 있었다. 하지만 회복적 생활교육운동을 전개해 나갈수록 회복적생활교육은 방법론이나 기술적 측면이 아니라 교육철학으로 접근해야 함을 느꼈다.

저자 캐서린 에반스와 도로시 반더링도 회복적 교육이 철학임을 강조하고 있다. 저자들은 회복적 교육을 "사람은 가치있고 관계적이다"라는 인간관의 씨앗에서 출발하여, '존엄성, 존중, 상호책임' 가치에 뿌리를 내리고 '정의롭고 공평한 배움의 공간 창조하기'

, '건강한 관계 가꾸기', '피해를 회복하고 갈등을 전환하기'라는 실천목표의 가지를 뻗는 그림을 그리며, 회복적 교육의 철학을 한 눈에 이해할 수 있도록 안내하고 있다. 또한 저자는 회복적 교육은 기존 교육관인 '사회통제'에서 벗어나 '사회참여'에 지향점을 두고 있다고 말한다.

이처럼, 회복적 교육은 과거의 교육관과는 다른 뿌리에서 자라고 성장하고 있다. 회복적 교육이 새로운 시대적 요구에 응답하기 위해서는, 회복적 교육이 근간으로 하는 철학과 가치가 무엇인지 명료하게 정리될 필요가 있었다. 그러던 차에, 회복적 교육을 먼저 고민하고 시작한 서구권의 경험과 통찰을 바탕으로 철학적 기반을 정리해준 탁월한 캐서린 에반스와 도로시 반더링의 글이 번역되고 소개되어 매우 기쁘고 반갑다.

저자들의 소중한 글로 인해, 회복적 교육을 세워나가고자 하는 한국 터전에도 회복의 씨앗이 뿌려지고 자라서 단단한 회복적 나무로 성장하고, 국제적으로는 회복적 숲을 함께 이뤄나가게 될 것이라 기대한다.

왜 회복적 교육인가?

회복적 정의는 한국 교육에 훈육 영역에서 먼저 뿌리를 내렸습니다. 학교폭력으로 고통받는 교사와 학생 학부모에게 희망을 제시했던 회복적 정의는 관계와 공동체를 살리는 훈육을 넘어 교육 전반에 새로운 기운을 주고 방향성을 제시했습니다.

'힘 공유하기power with', '힘 기르기empowerment', '평화로운 공동체 세우기'를 실천하는 회복적 생활교육은 교과에도 영향을 미칩니다. 그 이유는 먼저, 회복적 생활교육은 철학이자 패러다임이기 때문입니다. 관계와 공동체 돌봄을 강조하는 방향성은 비단 생활교육에만 국한되지 않습니다. 또, 교과 내용과 방법 역시 나와 타자와의 관계가 주를 이루기에 생활교육과 교과교육의 경계선이 뚜렷하지 않습니다. 이 책에서 회복적 교육이라 적힌 부분에 회복적 생활교육이라는 단어를 넣어도 어색함이 별로 없습니다. 2011년 '회복적 생활교육'이라는 용어가 탄생하는 배경에는 생활지도를 넘어서서 정의롭고 평화로운 공동체를 적극적으로 구현하자는 생활교육으로의 방향성 전환이 있었기 때문입니다. 그럼에도 불구하고, 회복적 생활교육이 아닌 회복적 교육이라는 용어로 이 책을 번역한 이유는 회복적 교육이 훈육, 생활교육을 넘어 교과서 채택 및 다문화 교육 등 교육과정과 교육론 전반을 아우르는 교육철학이자 패러다임이며, 교육에서 만연한 차별, 배제, 억압, 불평등과 같은 구조적, 문화적 폭력을 보다 적극적으로 인식하고 전환하고자 하는 접근방식임을 강조하고 싶었기 때문입니다.

또, 한국 독자께 저자의 의도를 충분히 반영해 책을 전달하고 싶었습니다. 이 책의 원래 용어는 '교육에서의 회복적 정의Restorative Justice in Education'입니다. 원래 용어를 그대로 번역해 '교육에서의 회복적 정의'라고 일컬으면 용어의 맛이 떨어지고, '회복적 정의 교육'이라고 말하면 회복적 정의에 대해 배우는 것 같아 '회복적 교육'이라고 번역했습니다. 저자인 도로시 반더링은 '교육에서의 회복적 정의'라는 용어를 만들기 전, 영미권에서 일반적으로 restorative practices라고 회복적 정의에 기반한 교육활동을 일컬을 때, justice를 넣어 restorative justice practices라고 불렀습니다. 이 교육의 핵심인 ‘정의’를 놓치고 싶지 않았던 겁니다. 비록 ‘정의’라는 단어는 번역 과정에서 탈락했지만, 회복적 정의가 비단 생활지도와 생활교육뿐 아니라 교육 전반에 걸쳐 작동하는 철학이자 패러다임이라는 저자의 의도를 충분히 반영하고자 ‘회복적 생활교육’ 대신 ‘회복적 교육’이라는 용어를 사용했습니다.

독자마다 이 책에서 와 닿는 부분은 분명 다를 겁니다. 그래도 이 책을 먼저 읽은 독자로 이 책이 한국에서 회복적 교육 운동에 주는 선물이 무엇인지 지면으로 나누고 싶습니다. 저자는 탈서구화된 관점으로 회복적 정의의 뿌리를 바라봅니다. 한국에 널리 알려진 회복적 생활교육의 뿌리는 서구권의 사법권에서 시작한 회복적 정의입니다. 저자는 북아메리카 원주민에서 출발한 회복적 정의의 뿌리를 거듭 강조합니다. 이러한 ‘탈중심성’은 회복적 정의의 역사를 바라보는 관점뿐 아니라 회복적 교육에서도 드러납니다.

명시적으로 드러나지 않지만, 이 책이 말하는 회복적 교육의 토대는 비판적 교육학입니다. 교육에서 소외받고 억압받는 자는 누구인지와 권력과 기존 체제가 어떻게 유지되는지에 주목합니다. 한 예로, 5장에서 소개하는 관계 매트릭스는 회복적 교육가와 실천가에게 익숙한 도표일 겁니다. 하지만, 가로축을 유심히 살펴보면 우리의 사전 지식과는 다른 용어가 나옵니다. 바로 '통제'가 아닌 '존재에 대한 기대'입니다. 도로시 반더링은 회복적 교육이 학생에게 힘을 부여하는 방식보다 교사 중심의 교육운동으로 퍼져나가는 것을 의아하게 여겼습니다. 또, 교사들이 회복적 교육을 실천하다 전통적인 훈육방식으로 되돌아가는 이유를 찾고 싶었습니다. 그는 질적연구에서 교사들과의 인터뷰를 통해 힘을 공유하기 위해서는 '지원'과 '통제'가 아닌 '지원'과 '기대'가 회복적 교육의 이론적 토대가 됨을 확신하고 왓텔의 '사회적 자본 창'을 수정하여 관계 매트릭스를 발표합니다.

또, 이 책은 트라우마 이해를 바탕으로 회복적 교육을 전개해 갑니다. 이 책에서 말하는 트라우마는 개인 트라우마 뿐 아니라 사회·문화·구조·역사적 트라우마를 아우릅니다. 슬프게도 한국 교육도 트라우마를 언급하지 않고는 이해와 대안을 말할 수 없는 시점에 이른 게 사실입니다. 한국에서도 트라우마 이해에 바탕을 둔 회복적 교육이 확산되어 아이들의 회복을 보다 실질적으로 지원하고 사회·문화·구조적 폭력을 전환하는 데 회복적 교육자들이 연대하기를 고대합니다.

번역자이면서 회복적 교육자인 제게 정의와 평화 시리즈를 지속적으로 출판하는 대장간이라는 출판사의 존재는 큰 고마움입니다. 부족한 역자에게 격려와 지지를 아끼지 않으시는 배용하 대표님께 감사한 마음을 전합니다. 저의 실천과 성장을 늘 지지해주는 든든한 공동체 '좋은교사 회복적 생활교육센터'에도 감사합니다.

또 정의롭고 평화로운 세상을 꿈꾸며 일상에서 이를 일구어가는 독자 한분 한분께 깊은 감사의 마음을 전합니다.

한국어판 서문

한국 실천가들의 좋은 안내자가 되길

한국에서 회복적 정의를 실천하고, 전국에 회복적 학교 문화를 만들기 위해 최선을 다하는 교육자들이 있다는 사실을 알고 있습니다. 최근 몇년 동안 회복적 정의를 실천하는 교육자들을 만나 한국 교육을 어떻게 변화시키고 있는지 들으며 기뻤습니다. 이 책을 의미있게 여기고 한국어로 출판하는 도서출판 대장간에 감사드립니다. 한국 독자들에게 이 책이 전해질 수 있어 대단히 영광이며, 이 책이 여러분이 하고 있는 일을 지속적으로 지원할 수 있기를 바랍니다.

우리는 이 책을 교육자들이 개인적인 삶과 가르치는 일에서 회복적 정의의 원리에 따라 살아가는 데 도움이 되었으면 하는 바램으로 썼습니다. 인류의 소중한 유산인 회복적 정의 원리에 따라 교육을 하면서부터 우리는 평화의 방식으로 세상을 이해할 수 있었습니다. 삶도 더욱 평화로워졌습니다. 타인, 가족, 동료, 돌봄이 필요한 사람들, 낯선 사람들, 원수, 우리를 둘러 싸고 있는 자연환경과 마주할 때 그들이 본래 갖고 있는 존엄성을 존중하며 관계를 맺을 수 있었습니다. 평화 감수성이 자랐다해도 회복적 정의의 가치를 실천하며 내면적으로 어려움을 겪을 때가 여전히 많습니다. 회복적 정의 관점에서 사고하고 이를 나의 존재방식으로 삼는 것이 교육에 영향을 주는 사회문화적 규범과 충돌할 때도 많습니다.

이 책에서 회복적 정의의 원리와 이론을 명확하고 간단하고 실제 교육 현장에 맞게 제시했습니다. 교육자들이 교육 현장에 적용할 수 있는 단계에 맞춰 실천하는 데 도움이 되길 바랍니다. 회복적 정의를 교육에 적용하는 초기 단계라면 회복적 정의의 원리와 실천의 기본적 토대가 되는 핵심원리를 배우고 이를 공동체 구성원과 공유하는 데 집중했으면 좋겠습니다. 회복적 교육의 철학과 이론을 배우며 일상에서 본인이 이해한 바대로 실천할 때, 이 책이 등대와 같은 역할을 하기를 바랍니다. 회복적 교육을 실천하는 교육 현장에서 복잡한 상황이 생길 때마다 이 책이 안내자가 되어, 교육자들이 '진정성 있는 관계 맺기'가 중심이 되는 학교 문화를 세우는 데 용기를 얻을 수 있기를 기대합니다.

이 책이 2016년에 출판된 이후 우리처럼 독자들도 다양한 방면에서 회복적 교육을 소개하는 데 도움이 되었다 말해주었습니다. 우리는 이 책이 회복적 교육을 확산하는 데 기여했다 믿습니다. 그러나 회복적 교육을 학교 현장에 도입하는 일은 아직 초기 단계이며 앞으로 배워야 할 것이 더 많다고 생각합니다. 학생들의 참여를 높이는 회복적 학교 문화를 세워 공동체에 안전한 공간을 창조하는 것과 모든 배움공동체 구성원의 욕구를 존중하며 학교 전체적으로 회복적 교육을 실천하는 것과 개인, 공동체, 역사적 트라우마가 얽혀 있는 복잡한 피해를 어떻게 다루고 치유와 회복으로 나아갈 것인지에 대한 더 많은 연구와 실천이 필요합니다.

진정성 있는 관계는 모든 사람이 바라는 보편적 욕구입니다. 사람과 사람은 공동체, 문화, 대륙을 초월해 연결됩니다. 한국에 이 책이 소개되어 한국에 있는 독자들과 연결될 수 있어 감사합니다. 여러분의 경험과 통찰로 말미암아 이 책에서 소개하는 회복적 교육의 핵심 개념이 더 깊어질 것을 기대합니다. 한국의 실천가들의 회복적 실천에 깊은 감사를 표하며, 이 책이 여러분의 귀한 일에 함께하는 안내자가 되기를 바랍니다.

캐서린 에반스와 도로시 반더링
2019년 12월 19일

초판 서문

회복적 정의는 서구사회 다양한 영역에서 두각을 나타내고 있다. 공동체와 조직에서 회복적 정의의 원리를 사용한다. 지역사회에서 이웃끼리 건강한 소통을 도모하는 데 사용하거나 청소년과 성인의 법률 시스템, 지역사회교정 프로그램, 대체복역 프로그램 , 배상reparation options 프로그램에서 사용한다. 교정기관에서는 재사회화교육reentry program으로 출소한 사람의 사회통합을 지원한다.

교육에서도 회복적 정의를 활용한다. 1990년대 후반부터 교사들은 교실과 학교 교육을 풍성하게 하기 위해 서클을 시작했다. 정학을 받은 학생이 학교로 돌아올 때, 남을 힘들게 하는 행동이나 피해를 다룰 때 회복적 정의 원리를 실천한다. 뿐만 아니라, 많은 교사가 일상에서 회복적 정의 원리를 교육에 접목해 실천하고 있다. 회복적 정의를 기반으로 한 교육에 대한 책이 다수 출판 되었다. 2005년에는 로레인 수투츠만 암스투츠와 쥬디 뮬렛의 『학교현장을 위한 회복적 학생생활교육*Restorative Discipline for School*』 대장간 역간과 케이 프라니스의 『서클 프로세스*Circle Process*』 대장간 역간가 출판

되었고 이후, 회복적 교육에 관한 다양한 경험, 성찰, 연구를 축적해 새로운 통찰을 을 제시하는 책들이 출판되고 있다.

회복적 교육에서는 관계와 상호연결이 중심인 학교문화 만들기가 가장 중요하다. 물론 초기의 회복적 교육 운동에서 건강한 학교 문화를 만드는 것이 중요하다 강조한 그룹이 있었지만, 대부분 개인 훈육과 행동 개선에 초점을 두고 이 운동을 전개해 갔다. 이제는 개인의 행동을 바로잡거나 타인에게 피해를 주는 행동을 다룰 때 공동체의 상호연관성이 중요하다는 점을 인식한다. 더 나아가 훈육과 피해행동을 다루는 데 학교의 지배적이고 수직적인 힘의 구조가 효과적이지 않다는 점을 인식한다.

현재, 회복적 교육을 더 잘 이해하는 데 토대가 되는 이론을 구축하는 작업이 활발하다. 지금까지 회복적 정의 영역은 이론보다 실천 중심의 풀뿌리운동을 통해 확산되었다. 실천 영역에서 많은 열매가 있었지만, 회복적 교육 발전을 위해 이론 정립이 필요하다. 예를 들어, 우리는 이론을 통해 학교별로 회복적 교육을 실천하는 지속성의 차이를 설명할 수 있다. 교육자들이 학교 공동체를 건강하게 만들 수 있도록 지속적으로 회복적 교육의 이론적 토대를 만드는 작업은 현 교육현장에서 중요하다. 그 이유는 다음과 같다.

- 학생들은 학생을 배제하는 처벌과 무관용주의에 기반한 학교의 방침에 반감이 크다. 이러한 교육 방침 때문에 학생 사이에 인종, 장애 여부, 가정의 소득 수준 등으로 인한 불평등[1]이 커지고, 처벌받은 학생은 결국 학교에서 소년원으로 가게 되는 통로school-to-prison pipeline가 생겼다. 요즘 들어 이러한 교육방침에 대한 거부감이 확산되고 있다.
- 최근 연구들은 회복적 교육을 학교 역량 강화의 주요 요소로 밝혔다.[2]

그러나 얕거나 잘못된 지식으로 회복적 교육을 실천하면 더 심각한 부작용이 생긴다. 탄탄한 이론은 이러한 부작용을 최소화한다.

앞으로 이 책에서는 회복적 교육의 세 가지 구성요소를 살펴볼 것이다. 이 세 가지 요소는 모두 중요하며 서로 긴밀하게 연결되어 있다.

- 정의롭고 공정한 배움의 공간배움터 창조하기
- 건강한 관계로 성장하기
- 피해를 회복하고 갈등을 전환하기

세 가지 구성요소가 현장에서 어떻게 펼쳐지는지 이야기, 실천사례, 성찰 활동을 통해 살펴볼 것이다.

이론은 나침판의 지침철로 실천가에게 실천 방향을 알려준다.[3] 회복적 교육을 실천하는 현장에서는 어려움을 만나게 된다. 이론을 겸비한 회복적 교육 실천가는 어려운 상황에도 회복적 교육을 실천할 수 있다. 이론 없이 실천할 경우, 어려움을 만날 때 교육적으로 효과가 없지만 우리에게 익숙한 처벌과 보상 중심 접근 방식으로 돌아가기 쉽다.

이 책은 지침철이다. 회복적 정의의 유산과 교육자, 교사, 연구자가 일상에서 실천한 경험을 바탕으로 탄생한 이 책이 회복적 교육이 지속적으로 성장하는 데 기여할 수 있기를 바란다.

초판 감사의 말

먼저, 이 책의 내용은 저자만의 것이 아니다. 교육분야에서 회복적 정의에 대한 많은 분의 연구와 실천이 있었기에 그 열매로 이 책을 쓸 수 있었다.

특별히 북미 원주민의 겸손과 자비에 마음 깊이 감사한다. 그들은 학살의 위험 가운데도 세대를 거쳐 서클의 경이로움을 간직해 왔다.

이 책을 통해 우리에게 가르침과 전통을 나눠 준 원주민을 기릴 수 있기를 바란다. 캐나다와 미국에 거주하는 이주민인 우리에게 후하게 베푸는 그들의 지혜를 지속적으로 더 풍성하게 배울 수 있기를 바란다.

개정판 서문

우리는 『회복적 교육』 책을 2016년에 출판했다. 이 책은 『서클 프로세스』대장간 역간와 『학교현장을 위한 회복적 학생생활교육』대장간 역간 책과 그 맥을 같이 한다. 『회복적 교육』을 쓸 당시, 교사들은 수십 년간 회복적 정의를 교육에 실천하며 보다 건강한 학교공동체를 만드는 데 기여하고 있었다. 이러한 교사들의 헌신에 힘입어 회복적 정의의 교육에서의 실천 가능성을 본 한편, 간단하고 명료한 이론이 필요하다고 느꼈다. 이론이 보다 효과적인 실천과 회복적 정의가 교육에서 잘 작동되지 않을 때 도움이 되기를 바라는 마음으로 책을 썼다.

2016년에 출간한 초판은 6년 간 다양한 교육자와 연구자에게 통찰과 회복적 교육에 대한 이해를 넓혔다.[1] 우리는 책을 쓸 당시 미래에 일어날 일을 예상하지 못했다. 6년 동안 사회 영역에서 터져나온 불안과 수년간 지속된 코로나 대유행을 겪으며 우리가 책에서 제안한 것을 돌아보았다. 책에 쓴 통찰이 학교가 직면하는 어려움에 실질적인 도움이 되지 못할까 염려했다. 다행히 교육자와 공동체 청소년 리더, 차별과 억압에 맞서는 활동가가 책을 통해 지지를 받고 통찰을 얻었다 말해주어 감사했다. 다분히 과분한 감사다. 우리의 지식은 다른 사람과 생의 경험으로부터 온 것이기에 그렇다.

회복적 교육이 계속 성장하고 확장됨에 따라 우리의 배움과 경험의 지경도 넓어졌다. 전 세계적으로 회복적 교육은 이제 특별한 것이 아니다. 회복적 교육을 한번도 들어보지 못했다 말하는 교육자의 수는 적을 것이다. 그간 회복적 교육이 다양하게 노력하며 실천한 성과와 숨겨진 문제를 더 잘 파악하기 위해 연구를 시행했다.[2] 이 책의 독자들과 풍성하게 대화하며, 아직 더 배워야 할 것들에 대해 배웠다. 이것이 우리가 개정판을 쓰게 된 이유다.

초판에서 말한 것과 같이 우리는 이 책이 기준점을 제시하게 되기를 바라며 이 책을 썼다.

> 이론은 나침반의 바늘과 같다. 바늘이 나침반에서 목적지를 가리키는 것과 같이 이론은 실천할 때 안내자가 된다.[3] 학교에서 매일 문제를 마주할 때 실천가에게는 명확하고 일관된 기준점이 필요하다. 기준점이 없으면, 학교 시스템 속에서 실패할 것을 뻔히 아는데도 처벌이나 보상 기반 접근법으로 되돌아가고 싶은 유혹을 강하게 받는다. 이 책은 나침반의 바늘과 같은 기준점을 제시한다.

저자인 우리는 회복적 교육에서 말한 바를 삶으로 살아내며 변화를 경험했다. 선주민, 흑인, 유색인종, 청소년 회복적 정의 실천가, 억압으로 가득한 사회에서 여전히 억압받는 회복적 정의 실천가들은 우리에게 인내와 자비, 도전을 선물로 주었다. 이들로 인해 우리는 우리 안의 백인우월주의, 성인중심주의, 특권을 다룰 수 있었다. 이 개정판이 이들의 리더십을 기리고 세우는 데 기여하기를 바란다. 굿북스 출판사에서 『인종과 회복적 정의*The Little Book of Race and Restorative Justice*』, 『인종차별과 치유*The Little Book of Racial Healing*』, 『청소년을 위한 회복적 정의*The Little Book of Youth Engagement and Restorative Justice*』 책이 나와 기쁘다. 이 책을 통해 우리는 전통적으로 침묵을 강요받아야 했던 사람들이 목소리를 내는 것과 그들의 인간성 회복이 회복적 교육의 핵심임을 볼 수 있다.

초판에서 우리는 선주민, 흑인, 유색인종이 여러 세대에 걸쳐 대학살을 겪으면서도 회복적 존재 방식을 지키며 살아낸 힘에 대해 언급한 바 있다. 개정판에서 우리는 회복적 교육 발전을 위해서 지배적 위치에 있는 사람들이 한발 뒤로 물러나, 우리에게 회복적 정의를 가르치고 몸소 보여준 선주민과 흑인, 유색인종의 말을 깊이 듣고 그들의 리더십을 따르며 진정으로 함께 일할 수 있는 공간을 만들어야 한다는 것을 강조했다.

개정판에서도 회복적 교육의 세 가지 상호연결된 핵심 요소를 소개했다. 이에 더해 커뮤니티와의 협력의 중요성을 역설했다. 지난 6년간 혼자 실천하는 것보다 함께 실천하는 것이 더 효과적임을 배웠다. 가족, 신앙 공동체, 지역 공동체와 협력하면 관계의 복잡성과 피해, 욕구와 의무를 더 잘 이해하고, 공정함과 정의에 기반한 지원이 수월해 진다.

개인, 교실과 학교는 진공 상태에서 존재하지 않는다. 이웃, 지방자치체, 지역과 국가 역학과 영향을 주고 받는다. 이 관계성을 고려하지 않는다면 보다 회복적인 공동체로 성장하는 데 도움이 되는 중요한 연결을 놓친 것이다. 코로나 시대 학교는 학교를 향한 과도한 요구로 휘청였다. 학교에 이를 채울 자원이 부족하다는 현실을 민낯으로 드러냈다. 학교 담장을 넘어선 자원과 연결하면 학교에 거는 과도한 기대로 중압감에 시달리는 교사를 지원할 수 있다.

추가로 개정판에서는 회복적 교육 운동에 다양성과 공정함을 촉구했다. 초판에 정의와 공정함은 회복적 교육의 필수요소로 언급했으나 지난 6년간 이를 단순히 강조하는 것만으로는 정의와 공정성을 위한 구체적인 행동이 이어지지 않는다는 것을 깨달았다. 회복적 교육이 치유와 변혁을 일으키려면 이 운동의 중심에 다양성과 공정성을 두어야 한다. 백인인 우리에게 이를 적용하자면, 그동안 침묵을 강요받고 중심에서 멀어진 흑인, 선주민, 유색인종을 회복적 교육 운동의 중심에 두어야 한다는 말이다. 이 일의 일환으로, 개정판 서문에 언급한 그룹에 해당하는 회복적 정의와 교육 활동가를 향한 감사의 말을 더했고 후주에 그들의 업적을 실었다. 이 책의 내용은 우리가 후주에서 언급한 책을 읽으며 비주류 집단의 역사, 문화, 인종 문제를 배울 때 비로소 완성될 거라 믿는다.

우리는 초판에 이어, 회복적 교육의 핵심 신념인 모든 사람이 가치 있게 여겨지고 상호 연결된 존재라는 토양 아래 회복적 교육이 든든히 설 수 있음을 부각했다. 존엄성과 존중, 상호 책임을 강조했다. 회복적 교육은 일차적으로 관계와 상호연결성을 중시하는 학교 문화를 세우는 일이며 피해가 발생했을 때 공동체는 피해에 직간접적으로 영향을 받은 구성원 모두를 돌보고 지원한다.1장, 3장 개정판에서도 회복적 교육의 세 가지 요소를 모두 중요하게 다룬다.

- 정의롭고 공정한 배움의 공간 창조하기
- 건강한 관계로 성장하기
- 피해를 회복하고 갈등을 전환하기

스카이 보웬Sky Bowen4)의 기여로, 우리는 각 요소마다 지역 공동체와 협력하는 것의 중요성을 언급했다. 회복적 교육을 실천하는 학교가 지역 공동체와 단절될 경우 회복적 교육 운동 성장이 더딜 수밖에 없다.

2장은 개정판에서 가장 많이 수정한 부분이다. 초판에서 '회복적 교육의 간략한 역사'로 기술했던 것을 '회복적 교육의 중요한 역사'로 변경했다. 회복적 교육이 뿌리를 둔 아메리카 선주민과 아프리카 전통을 중요한 역사의 한 줄기로 설명했다. 이 작업을 할 수 있도록 도움을 준 파냐 데이비스Fania Davis와 에드워드 발란드라Edward Valandra, 『백인 중심 회복적 정의를 넘어*Colorizing Restorative Justice*』5)의 저자들에게 감사하다.

우리가 초판에 제시했던 예와 이야기, 실천방법은 인종 정의, 사회적 억압, 트라우마와 회복탄력성을 고려해 수정해 보다 통합적이고 전체적인 회복적 교육을 모색했다.

우리는 독자인 여러분과 회복적 교육 운동에 함께 할 수 있어 더할 나위 없이 영광이다. 호주 선주민 강굴루의 예술가이자 활동가, 교육자이자 연구자인 릴라 왓슨Lilla Watson이 그녀의 동료들에게 보낸 초대장으로 이 글을 마무리 하고자 한다. 신뢰 안에서 함께 일하는 내일을 그리며….

> 당신이 이곳에 나를 도우러 왔다면 당신은 시간을 낭비하고 있는 겁니다. 당신 자신의 해방이 나의 해방과 깊이 연결되어 있기에 이곳에 왔다면 그렇다면 우리 함께 일해 봅시다.[6)]

개정판 감사의 말

초판 감사의 말에 다음과 같이 적었다.

> 먼저, 이 책의 내용은 저자만의 것이 아니다. 교육분야에서 회복적 정의에 대한 많은 사람의 연구와 실천이 있었기에 그 열매로 이 책을 쓸 수 있었다. 특별히 북미 원주민의 겸손과 자비에 마음 깊이 감사한다. 그들은 학살의 위험 가운데도 세대를 거쳐 서클의 경이로움을 간직해왔다. 이 책을 통해 우리에게 가르침과 전통을 나눠 준 원주민을 기릴 수 있기를 바란다. 캐나다와 미국에 거주하는 이주민인 우리에게 후하게 베푸는 그들의 지혜를 지속적으로 더 풍성하게 배울 수 있기를 바란다.

우리는 다시 한번 우리에게 서클과 회복적 철학의 지혜를 우리에게 나눠 준 북미 선주민에게 감사하고 싶다. 지난 6년간 회복적 정의의 역사를 보다 깊게 이해할수록 유색 인종인 회복적 정의 실천가와 학자들의 지혜와 관대함을 보다 널리 알리는 일이 중요함을 깨달았다. 따라서 개정판에서는 우리에게 많은 것을 가르쳐주고 영향을 준 이들의 업적과 삶을 지면을 빌어 기리고 싶다.

스카이 보웬교육학 석사은 교육자이자 행정가이며 세 아들의 엄마이자 잔혹한 경찰진압의 피해를 경험한 이의 배우자이다. 그녀의 생각은 이 책의 상당 부분에 많은 영향을 미쳤다. 캐나다 온타리오 남서쪽에 거주하며 교육, 지역 공동체, 사법 영역에서 벌어지는 인권침해를 보호하기 위해 지역 공동체 활동을 활발하게 하고 있다. 그녀는 개정판 내용이 회복적 교육과 지역 공동체가 보다 긴밀히 연결될 수 있도록 방향을 잡는 데 기여했다. 그녀는 회복적 정의에 헌신하는 교육가이며 흑인의 생명은 중요하다Black Lives Matter 운동을 지역 공동체에서 하고 있다. 학교에서 감옥으로 이어지는 구조the school-to-prison pipeline를 해체하는 데 앞장서고 있다. 후주에 실린 자료를 보면 그녀가 출판물과 그녀가 출연한 비디오와 팟캐스트를 확인할 수 있다.[1]

파냐 데이비스 박사는 오랜 시간 선두에서 회복적 정의를 이끌었다. 그녀가 일하는 RJOY Restorative Justice for Oakland Youth는 초판과 개정판 책의 내용에 영향을 주었다. 그녀가 쓴 『인종과 회복적 정의 *The Little Book of Race and Restorative Justice*』[2]는 이 책의 개정판 수정에 지대한 영향을 주었고 회복적 정의와 회복적 교육의 역사를 2장에서 서술할 때 대인관계, 기관 내 인종차별 문제와 억압과 구조적 인종차별과 억압의 문제를 분명하게 구분해야 할 것을 가르쳐 주었다. 4장에서 내용을 개정할 때 정의와 공정을 포괄적으로 이해하기 위한 소통을 강조했다. 학교에서 벌어지는 대인관계 갈등은 불공정한 정책과 관행 문제와 변하지 않고 반복되는 사회 억압 구조와 세계관을 살피지 않고 설명할 수 없다.

에드워드 발란드라 박사는 『백인 중심 회복적 정의를 넘어 *Colorizing Restorative Justice*』[3]를 편집했다. 회복적 정의 관련 책을 출판하는 리빙 저스티스 프레스 Living Justice Press의 총괄 편집자이다. 인종을 넘어 백인, 선주민 실천가와 함께 식민화로 발생한 피해를 회복적 정의로 회복하는 운동을 꾸준히 실천하고 있다. 『백인 중심 회복적 정의를 넘어』 18장에서 식민화 피해 역사와 문제를 해결하기 위해 진실규명과 진정성, 책임, 치유에 기반한 행동을 강하게 촉구한다. 이 책의 2장은 발란드라 박사의 연구에 많은 영향을 받았다. 여전히 식민화 역사와 식민화가 지금까지 교육환경에 미친 영향에 대해 공부할 것이 많다.

우리는 『백인 중심 회복적 정의를 넘어』의 저자 스무 명 모두에게 고맙다. 각 저자는 현 회복적 정의 이론과 실천을 비판적으로 성찰하고 재고하는 데 물꼬를 터주었다. 이 책은 다양한 저자를 통해 한 가지 분명한 사실을 전해주고 있다. 바로 회복적 정의가 초기부터 지금까지 서구 맥락에서만 거론되고 있다는 것이다.

아니타 와드하 교육학 박사는 교사이자 회복적 정의 실천가, 교육사회학자다. 그녀는 수년간 우리 연구에 다방면으로 도움을 주었다. 늘, 우리가 재검토 없이 회복적 정의라고 믿으며 실천하는 것이 공정한지 다시 한번 생각하게 한다. 그녀의 비판적 교육학과 회복적 교육을 통합한 통찰은 변혁적 배움과 성인, 아동, 청소년을 위한 회복적 정의로 우리를 초대한다. 그녀는 이블린 마아퀴노와 에더 블라이 매체서트와 『청소년과 함께 하는 회복적 정의』대장간 역간4)를 출간하며 청소년에게 힘을 부여하는 회복적 교육 대가로서의 면모를 아낌없이 드러냈다. 아니타는 성인이 힘을 빼고 청소년이 주도해 학교, 지역공동체, 사회에서 회복적 정의를 실천하는 교육적 실험을 지속적으로 하고 있다.

마이샤 윈 박사는 회복적 교육을 이론화하는 데 힘쓴다. 그녀는 교육자, 학생, 가정, 공동체를 변혁하는 회복적 교육 이론 체계framework를 구축한다. 흑인 연구자이자 교육자, 엄마인 그녀는 역사, 인종, 문화, 언어, 미래를 강조한다. 교육기관에 만연한, 모두에게 부정적 영향을 미치는 인종차별과 인종차별적 정책 현실을 밝히는 일의 중요함을 주장한다. 그녀의 책 『모든 당사자에게 공정한 정의*Justice on Both Sides*』5)에서 위 다섯 가지 요소를 더 깊이 살펴볼 수 있다. 이 책을 강력히 추천한다. 그녀의 다른 책은 회복적 정의의 교육학적 실천에 관한 것으로, 교육과정과 교수학습을 설계할 때 회복적 정의를 적용하는 방법을 소개한다. 해나 그래함Hannah Graham과 리타 렌지담 알프레드Rita Renjitham Alfred와 함께 쓴 책에서는 영어 교실에서 회복적 정의를 적용한 실천사례를 볼 수 있다. 로

렌스 윈Lawrence T. Winn과 공저한 책에서는 학교와 교실에서 교육자와 학자가 실천하는 회복적 교육 사례를 접할 수 있다.

마지막으로 우리는 수많은 교육자와 공동체 리더, 가족 구성원, 우리가 일상에서 매일 마주하는 모든 학생에게 감사함을 전한다. 이들이 우리에게 나눠 준 질문과 창의적인 생각으로 우리는 회복적 교육을 더 깊이 숙고할 수 있었다. 회복적 교육 핵심 원리에 따라 어떻게 살아가야 하는지, 우리의 일이 얼마나 가치 있는지 더 깊이 느끼게 해주어 감사하다.

1부: 지속가능한 성장 준비하기

회복적 교육의 원리와 실천사례가 풍성한 것에 비해 실제 회복적 정의를 교육에 도입한 기간은 짧다. 우리는 1부 1장에서 회복적 교육의 개요, 2장에서 역사를 살필 것이다. 3장에서는 교육 현장에서 지속적인 실천을 하는 데 원동력을 주는 회복적 교육의 신념과 가치를 다룰 것이다.

우리는 회복적 교육이 식물이 자라는 것처럼 유기적으로 발전한다고 믿는다. 뿌리, 줄기, 잎이 긴밀하게 관계하며 자라는 과정은 섬세하고 아름답다. 아래 그림은 우리가 흔히 놓칠 수 있는 뿌리의 중요성을 잘 보여 준다. 식물의 뿌리가 땅 속 깊이 자리 잡고 성장할 때 그 줄기와 잎이 아름답게 자란다.

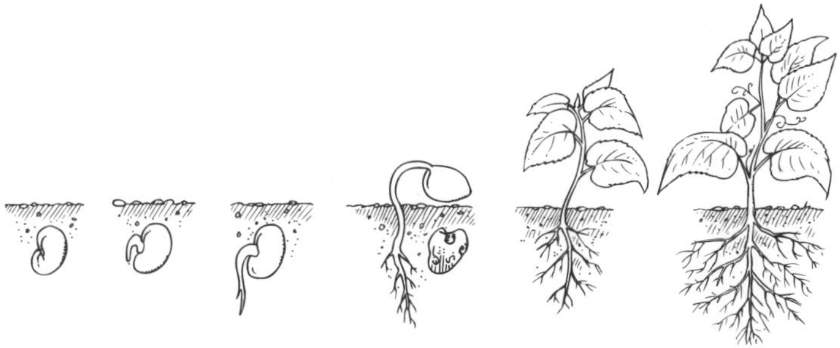

1장 • 회복적 교육의 개요

다음 이야기에서 우리는 회복적 교육이 무엇인지 엿볼 수 있다.

1. 4학년 교실, 스물 한 명의 학생이 곰인형 토킹피스를 들고 서클을 한다. 조이가 토킹피스를 건네 받고 침묵한다. 조이는 의사소통하는 데 어려움이 있다. 잠시 후, 친구 몇 명이 조이에게 "말을 하라니까!" "토킹피스 넘겨"하며 재촉한다. 교사는 토킹피스를 잡고 침묵하는 것도 의사소통의 한 방법이라고 알려준다. 그 말을 듣자, 조이가 고개를 끄덕이며 미소를 지은 후 곰인형을 옆 사람에게 건넨다. 다음 질문에 다른 학생 두 명도 곰인형을 잡고 침묵한다. 조이는 안심하며 긴장한 어깨를 푼다.
2. 4월이다. 교사는 전학생 아흐메드가 점점 소극적이고 자신감 없어 하는 모습을 본다. 이번 주 서클 체크인 시간에 몇몇 학생이 부활절 휴일에 기대하는 것을 신나게 나눈다. 아흐메드는 자기 순서에 말하지 않고 토킹피스를 옆 사람에게 건넨다. 서클이 끝나고 아

흐메드가 교사에게 무슬림인 자기 가족은 부활절을 기념하지 않고, 곧 라마단이 시작된다고 말한다. 교사는 아흐메드에게 그의 종교와 전통을 잘 몰랐던 점을 사과한다. 아흐메드와 대화 후 바로 지역 모스크에 연락해 라마단 기간에 아흐메드와 무슬림 학생을 어떻게 지원할 수 있는지 문의한다.

3. 학생 여럿이 과제에서 헷갈리는 내용을 물으러 교사에게 간다. 아이들은 과제를 열심히 하는데도 성적이 좋지 않다. 교사가 한 번 더 과제에 관해 설명하면 네 번째가 된다. 교사는 설명하기보다 다음과 같은 질문을 던지며 아이들의 이야기를 듣기로 한다. "무슨 일이 있니?", "과제를 생각하면 어떤 느낌이 들어?", "과제를 할 때 가장 어려운 게 뭐야?", "과제 때문에 힘든 거 있니?" "과제를 하는데 내가 도울 게 있을까?"
4. 중학교 3학년 학생 두 명이 싸운 지 며칠이 지났다. 오늘, 상담교사는 안전한 공간에서 두 학생만 이야기할 수 있도록 초대했다. 학생은 교사가 준비한 질문에 자신의 경험, 생각, 감정을 이야기했다. 싸운 일 때문에 지금은 어떤지, 각자 원하는 것이 무엇인지, 상황을 벗어나기 위해 각자 할 수 있는 일이 무엇인지 말했다.

네 이야기의 결과는 식물이 꽃을 피우는 과정을 생각나게 한다. 꽃을 가만히 들여다보면 꽃의 아름다움과 정교함, 섬세함, 완전함에 경이로움을 느낀다. 활짝 핀 꽃에 감탄하다 보면 어느덧 씨앗과 줄기가 꽃을 지탱한다는 사실을 잊는다. 씨앗과 줄기는 어둠 속에서 자란다는 사실도 잊게 된다. 꽃을 꺾어 꽃병에 꽂으면 아름다움을 가까이서 즐길 수 있다. 하지만 꽃병의 꽃은 뿌리가 없어 더 이상 다른 생명을 낳는 씨앗을 틔울 수 없다.

이 책은 어떤 도움을 주는가

우리는 이 책에서 회복적 교육을 실천할 때 씨앗, 뿌리, 가지를 지탱해 주는 긍정적인 환경이 무엇인지 살펴볼 것이다. 회복적 교육은 그 이론과 철학의 기초를 잘 세웠을 때야 성장하고 풍성해질 수 있다. 그래야만 회복적 교육이 작동하지 않을 때에도 원인을 밝혀 새로운 동력을 얻을 수 있다.

앞에서 나눈 네 이야기는 수년 간 학교 현장에서 구현한 회복적 교육의 세 가지 구성요소를 잘 보여 준다.

- 정의롭고 공정한 배움의 공간 창조하기
- 건강한 관계로 성장하기
- 피해를 회복하고 갈등을 전환하기

이 세 가지 요소는 '**사람은 가치있고 관계적이다**'라는 핵심 신념에서 나온다. 핵심 신념은 회복적 교육의 씨앗이다. 이 신념을 지탱하는 뿌리는 **존중과 존엄성, 상호 책임**이라는 가치이다.

표1-1

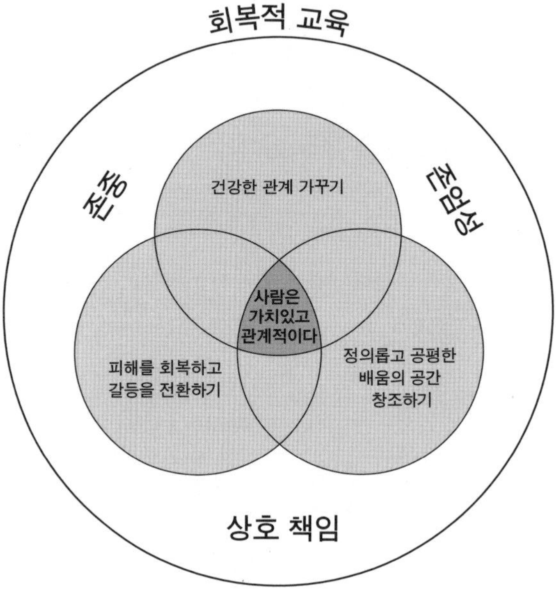

다양한 상황에서 회복적 교육을 실천하다보면 희망과 함께 회복적 교육에 대한 여러 질문과 염려, 오해가 생긴다. 이 책은 초기부터 지금까지 출판된 회복적 교육 연구자료를 참고했다. 이 책을 통해서 회복적 교육에 대한 믿음이 커지길 바란다. 우리는 회복적 교육을 실천하는 교육자이면서 연구자다. 시간이 흐를수록 교실에서 회복적 정의를 접목하는 것을 넘어 회복적 정의가 지향하는 가치에 따라 살게 되었다. 우리는 회복적 교육이 학교 현장에서 가르침과 배움의 영역뿐 아니라 학교 문화를 변화시키는 데 효과적이라 확신한다. 교육 현장에서 회복적 교육을 우직하고 섬세하게 실천할 때 회복적 정의의 뿌리가 더욱 깊고 튼튼하게 자랄 것이다.

회복적 교육이란?

회복적 정의를 교육에 도입했던 초기에는 회복적 정의를 사법적 맥락에서 쓰던 대로 학교 현장에 적용했다. 그 결과 회복적 정의를 문제행동, 갈등, 피해를 대응하는 방법으로만 사용했다. 하지만 학교 현장에서 회복적 서클로 피해를 다룰 때, 관련 당사자를 꾸준히 돌보고 공동체의 공동체성을 회복해야 피해를 회복할 수 있었다. 피해를 회복하려면 당사자들의 이해관계를 초월한 다른 시도가 필요했다. 따라서, 회복적 정의의 개념이 상호 책임과 정의롭고 공정한 배움의 공간을 창조하는 영역까지 확장됐다. 회복적 교육 실천가는 통합적holistic 접근으로 **정의, 회복, 교육**에 관한 개념을 재정립하고, 학교 조직 특수성을 고려해 학교에 회복적 정의를 적용하는 방법을 고민해야 했다. 회복적 교육 역사는 2장에서 더 자세히 다룬다.

회복적 교육 정의

교육 영역에서 회복적 정의와 관련된 용어와 접근방법은 다양하다. 먼저, 회복적 실천restorative practices, 회복적 훈육restorative discipline, 회복적 접근restorative approach, 회복적 문화 측정restorative measures, 회복적 정의 실천restorative justice practices 등 다양한 용어를 사용한다. 한편 회복적 정의 원리를 또래중재, 사회감수성학습, 평화교육, 따돌림예방교육과 같은 다양한 교육프로그램에 접목해 안전하게 배우는 학교 문화를 만들고 있다. 회복적 정의가 다른 교육 프로그램과 만나는 지점을 어떻게 이해해야 할까? 회복적 정의 접근이 이러한 프로그램의 성공에 어떻게 기여할 수 있을까?

회복적 교육은 위에서 언급한 각각의 접근 방식을 모두 포괄하는 용어이다. 이 책에서는 **정의**, **회복적**, **교육**을 다음과 같이 정의한다.

정의란 모든 사람의 가치를 존귀하게 여기는 것이다. 정의는 관계를 통해 실현된다. 사회적 정의인 기본적 정의는 모든 이를 존중하고 존엄하게 여기는 것을 바탕으로 하며, 모든 이의 권리와 기회를 보장한다. 사법적 정의인 이차적 정의는 주로 피해와 범죄를 다룬다.[1] 이 책에서 기본적 정의는 사람의 가치와 사람 간 상호연결성을 **높이는** 것을 의미하고, 이차적 정의는 사람의 가치와 사람 간 상호연결성을 **다시 세우는** 것을 의미한다.

표1-2

회복적 정의

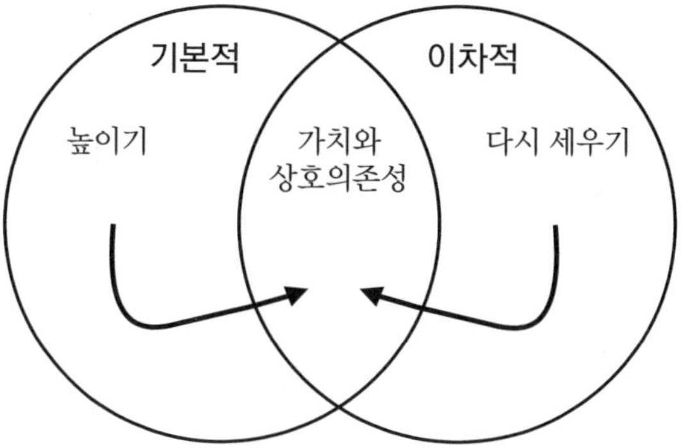

'회복적'이라는 형용사는 기본적 정의와 이차적 정의에 모두 사용할 수 있다. '회복적'은 개인과 공동체의 존엄성, 가치, 공동체성을 키우고, 보호하고 회복시켜서, 개인이 속한 공동체에 온전히 기여한다는 뜻이다.

'교육하다'educate는 '이끌다, 드러내다'를 뜻하는 *educare*라는 라틴어가 어원이다. 이는 어떤 교육의 현장에서건 전 연령의 학습자가 온전한 사람으로 성장하며 관계 맺는 힘을 기르는 것을 의미한다.

세 단어 모두 개개인의 고유성과 엄청난 잠재력을 전제로 한다. 위 용어를 바탕으로 정의하는 **회복적 교육**이란,

> 모든 사람이 태어날 때부터 부여받은 존엄성과 가치를 존중하는 환경에서 함께 관계 맺으며 성장하는 공동체로 나아가는 것이다.

회복적 교육은 궁극적으로 공동 참여와 지지를 통해 개인의 번영뿐 아니라 개인과 공동체 모두의 존재적 행복과 안녕well-being을 도모하는 교육을 꿈꾼다.

회복적 교육의 특성

통합적 관점으로 회복적 정의를 이해하고 유치원부터 대학까지 교육기관에 적용할 때 문화가 변한다. 문화란 특정 공간에서 사람들이 행하는 양식이다. 학교 **문화**는 사람들의 신념과 가치에 따라 만들어진다. 우리는 솔직히 신념과 가치가 문화에 미치는 영향을 바쁘게 돌아가는 삶과 배움의 현장에서 당연시 여기며 간과하거나, 논의하지 않거나 잘못 이해한다. 회복적 교육은 핵심 신념과 가치를 토대로 실천할 때 가장 효과적이다. 그렇다면 회복적 교육의 핵심 신념과 가치는 무엇인가?

표1-1은 회복적 교육의 핵심가치와 신념을 보여준다. 회복적 교육 **핵심 신념**은 모든 사람이 가치있고 서로 연결되어 있다는 것이다. 회복적 교육은 '소속감', 즉 좋은 방식으로 다른 사람과 연결

되고 싶어 하는 사람의 기본 욕구를 존중한다.[2] 핵심 신념은 세 가지 핵심 **가치**인 존중, 존엄성, 상호 책임을 바탕으로 한다. 이 가치 때문에 각 사람이 소중하게 여기는 욕구가 다름을 인정하고 존중한다. 예를 들어, 타인과 관계 맺을 때 내가 중요하게 여기는 가치는 **신뢰, 정직, 격려**지만, 상대방은 나와 달리 **책임감, 재치, 유머**를 중요하게 여길 수 있다. 회복적 교육에서 중요하게 여기는 것은 다음과 같다.

- 자신과 상대의 존재적 행복과 안녕을 돌보는 신념과 가치
- 모든 배움의 자리에서 모두의 존재적 행복과 안녕을 경험

3장에서는 핵심가치와 신념을 보다 자세히 다룬다. 4~6장에서는 회복적 교육의 세 가지 필수영역을 바탕으로 회복적 학교 문화를 어떻게 만들어 가는지 살핀다.

① 정의롭고 공정한 배움의 공간 창조하기

이는 모든 학생과 교직원이 인종, 성, 성적지향, 사회경제적 지위, 종교, 모국어 등의 정체성을 인정하고 수용함을 의미한다. 모두가 자원을 제공하고 제공받는 기회를 가질 수 있고 자신과 타인의 배움에 기여하며 자신의 잠재력을 최대한 발휘할 수 있다. 회복적

교육은 궁극적 목적은 모두의 욕구를 소중히 여기고 소속감을 느끼는 공간을 창조하는 것이다. 학교는 다문화 교육론 도입, 교수방식의 다양화, 사회감수성 학습 실천, 모든 교육과정에 인권 개념 포함, 정의와 공정을 바탕으로 하는 사회적 상호작용을 통해 이를 실현할 수 있다. 정의와 공정에 기반한 사회적 상호작용은 자원을 동등하게 분배하는 데 그치지 않고 모두의 욕구를 존중하는 방식까지 나아간다.

② 건강한 관계로 성장하기

사회정서적 건강은 배움과 삶에 필수적이다. 학생과 교육자는 주변 사람에게 인정받고 존중받을 때 마음껏 성장할 수 있다. 교육과정, 교육학, 복도에서의 상호작용, 점심시간과 통학 환경, 행정과 정책절차, 교직원 회의, 학부모 참여 등 교육이 이루어지는 모든 현장에서 존중과 포용, 갈등 해결, 상호적 가르침과 배움, 의사결정을 경험해야 한다.

③ 피해를 회복하고 갈등을 전환하기

갈등과 피해는 삶의 일부이며 많은 경우 이를 통해 배우고 성장할 수 있다. 갈등을 다루려면 공동체에서 갈등과 관련된 모든 사람이 모여 거짓없이 의사소통을 해야한다. 피해를 밝히고, 피해를 준 사람이 피해에 대한 책임을 질 수 있도록 지원하고, 피해를 준 사람과 피해를 입은 사람의 욕구를 듣고 수용하는 과정을 거친다. 회복적 교육은 통합적 접근을 통해 지속가능하다. 공동체 구성원에게 핵심 신념과 가치를 명확하게 전달하고 공유하면 길을 잃었을 때도 다시 돌아올 수 있다. 학교 공동체가 배움의 공간을 창조하고 건강한 관계에 대한 강조도 없이 피해가 발생했을 때만 회복적 정의로 해결하려 한다면 피해는 계속 나타날 뿐 아니라 후에 더 큰 피해가 생길 수 있다.

반대로, 건강한 관계 만들기를 장려하고 교실과 학교 공동체에서 상호연결성을 강조하면서도 부적절한 행동을 상벌제도로 다룬다면, 이중 잣대 때문에 학생은 존중과 행복을 경험하지 못할 것이다. 정의롭고 공정한 배움의 공간을 강조하면서도 교육과정에서 인종, 특권과 같은 정의 문제를 다루지 않는다면, 학생은 학교를 신뢰하지 않을 것이다. 신뢰는 정의로운 관계 세우기의 핵심이다. 따라서 교육의 전 영역에서 모든 사람은 가치 있는 존재이며 서로 깊이 연결되어 있다는 신념을 중시하며 실천해야 한다.

세 가지 필수 구성 요소가 제대로 작동하려면 학교 공동체원 간, 그리고 학교와 지역 공동체 간의 파트너십과 상호 연결성이 굳건해야 한다. 아래 표에서 공동체 구성원의 관계적 협력을 바탕으로 한 회복적 교육의 생태적 접근 방식을 볼 수 있다.

회복적 교육의 생태적 접근 방식은 회복적 교육 세 가지 필수 영역 전체를 발전시키고표1-1, 학교 공동체와 연결된 모든 파트너십을 강화한다.표1-3 우리가 본 회복적 교육의 잘못된 실천 사례는 다른 것은 제쳐두고 한 가지 요소에만 지나치게 집중하는 학교이다.

표1-3

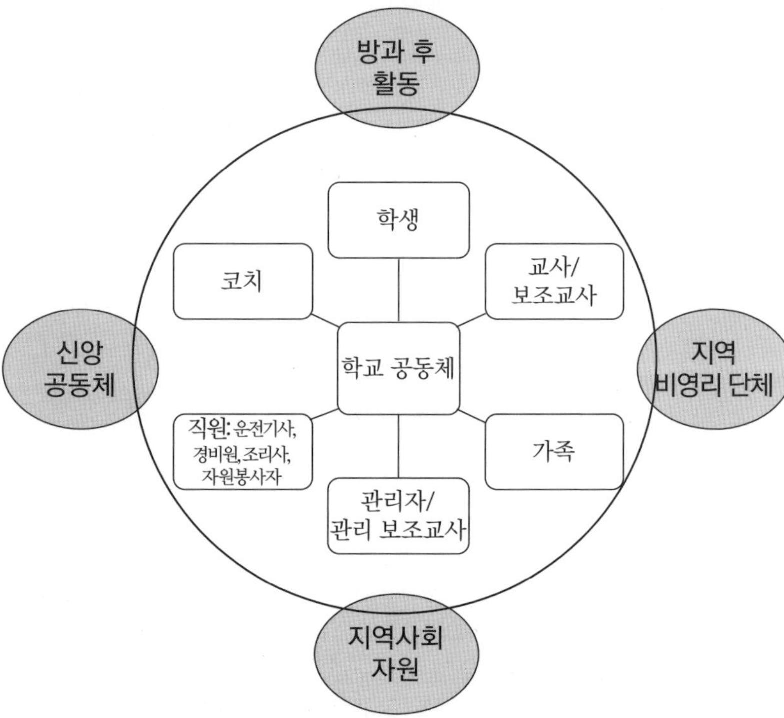

학교가 건강한 관계 지원과 정의롭고 공정한 배움의 공간 창조를 등한시하고, 단순히 피해를 다루는 데 집중하는 회복적 실천을 한다고 가정해 보자. 이러한 상황에서는 대화 모임에서 모든 참여자가 동의하는 약속을 만든다 해도, 그 약속을 지키기 어렵다. 오히려 후에 더 큰 피해가 발생 할 수 있다.

회복적 실천이 건강한 관계를 지원하고 정의롭고 공정한 배움의 공간을 창조하는 영역에만 머물고 처벌과 보상으로 부적절한 행동을 해결할 시 학생은 이중 잣대를 경험하게 된다. 결국 학생은 자존감과 안녕감을 느낄 수 없다.

실제로 학교가 정의롭고 공정한 배움의 공간 창조를 표방한다 할지라도, 교육과정에 인종과 종교를 차별하는 내용이 있거나 교육과정이 정의로운 관계의 필수 요소인 신뢰를 무시한다면, 이러한 목표는 결코 실현될 수 없다. 결국 인간의 가치와 상호 연결성을 강조하는 노력은 공동체와 교육 전반에 반영되어야 한다.

회복적 교육은 전통적 교육과 어떤 점이 다른가?

수십 년 동안 듀이, 비고츠키, 프레리, 노딩, 콘으로 대표하는 많은 교육철학자와 이론가가 관계 중심 교육 이론에 대해 역설했다. 이 관점으로 보면 회복적 교육은 새로운 것이 아니다. 그동안 많은 철학자와 이론가가 지속적으로 강조해 온 돌봄과 존중의 공동체를 실현하는 교육이다. 새로운 것이 아님에도 회복적 교육이 실천을 통해 문화로 자리 잡으려면 시간이 필요하다. 교육은 희망의 도구이지만 사회 통제의 수단이기도 하다. 아이들은 교육을 통해 세상의 경제지배체제에 순응하고 일조하는 사회 구성원이 된다. 이러한 사회화를 바꾸려 오랫동안 노력했음에도 무관용정책, 공립학교 예산 삭감, 불공정한 자원 분배, 기초학력평가, 교육과정, 시험, 보상학습을 마주하면 학교가 개인과 공동체의 행복은 뒷전인 채 산업을 위한 인재양성을 위해 존재하는 기관 같다.[3)]

회복적 교육은 사회 통제가 아닌 사회 참여를 강조하는 교육문화를 만들어가는 길로 초대한다.[4)] 공동체로 함께 모일 때 안부를 물으며 시작하는 문화는 규칙보다 관계를, 방침보다 사람을 중시한다. 능력을 평가하기보다 잠재력을 높이 사며, 지식을 부어주기 보다 의미를 함께 찾아간다. 지시하기 보다 물어보며, 성과중심의 성공보다 행복을 소중히 한다. 그렇다고 회복적 교육이 규칙, 방침, 평가, 지시, 성공과는 전혀 무관한 교육은 결코 아니다. 공동체 모두의 욕구를 돌보기 때문이다. 회복적 교육은 공장같은 학교가 씨앗을 심고 자라도록 돌보는 정원으로 변화되기를 꿈꾸는 교육이다.

요약

회복적 교육을 실천하는 교육자는 학생, 학부모와 양육자, 동료들이 공동체 안에서 개개인을 존귀하게 여기며 상호작용할 수 있도록 촉진한다. 교육과정과 교육방침을 개개인의 존엄함을 바탕으로 재구성한다. 이로 인해 개인과 공동체는 잠재력을 최대한으로 발현하며 번영하고 성장한다. 살아 있는 모든 존재는 관계를 맺을 때 상호 돌봄과 내면의 힘을 복돋아주는 지원empowerment이 필요하다. 관계는 보살핌, 공급, 안내, 지지를 받을 때 성장한다. 수직적인 전통 질서를 따르는 학교에서는 학생을 무생물처럼 관리, 통제,조정, 규제하기 쉽다. 그러나 회복적 교육은 함께 만들어 가는 배움과 가르침의 공간을 창조한다.

2장 • 회복적 교육의 중요한 역사

2016년에 출간한 회복적 교육 2장의 제목은 "회복적 교육의 개괄적 역사"였다. 우리는 지난 6년간 회복적 교육을 실천하며, 보다 건강하고 정의롭고 건설적인 회복적 정의 운동으로 나아가기 위해서는 회복적 정의 역사에 더욱 관심을 갖고 이를 중요하게 여겨야 한다는 것을 배웠다. 이에 따라 2장의 제목을 "회복적 교육의 중요한 역사"로 바꾸었다.

우리는 먼저, 2장의 내용이 우리의 주관적 관점과 경험에 의한 것이라 불완전함을 밝힌다. 여전히 써지지 않은 중요한 역사가 많다. 따라서 이 장의 내용은 하나의 출발점 혹은 시도에 불과하다.

아메리카 선주민과 아프리카 선주민 기반 회복적 교육

2021년 미아우푸켁 퍼스트 네이션 추장 미셸 조는 뉴파운드랜드와 래프라도 비선주민에게 회복적 정의 핵심을 전하기 위해 "두 귀로 듣기"라는 표현을 썼다. 추장은 정의를 이해하기 위해서는 먼저 불의한 이야기를 들어야 한다고 말했다.[1] 그는 우리가 불의한 이야기를 들을 때 누군가의 일상이 어떻게 방해받고, 파괴되는지, 폭력이 어떻게 개인과 공동체의 본질을 침해하는지 알게 된다고 덧붙였다.

이야기를 나눌 때 우리는 두 귀로 듣는다. 두 귀로 들을 때, 귀로만 듣지 않고 몸과 가슴, 영혼이 함께 듣는다. 여기서 우리는 **정의가 우리가 공동체로 함께 살아가는 방식, 서로를 지지하고 격려하며 돌보는 방식**에서 구현된다는 것을 배운다. 듣는다는 것은 전체적이다. 우리 사회 모든 것에 영향을 미친다. 선주민이 이해하는 **정의는** 서구유럽사회가 이해하는 정의보다 더 깊은 상호연결성과 공동체성에 기반한다. 서구유럽사회 정의는 개인이나 집단 행동에 대응하거나 이를 심판하는 데 그쳐, 정의의 범위를 축소해왔다. 회복적 정의의 기원은 아메리카 선주민과 아프리카 선주민 공동체가 수 세기간 지속됐던 억압 가운데서도 공동체와 관계, 이야기에 기반을 둔 통합적 접근 방식이다.[2] 식민화된 역사 속에서도 많은 선주민 공동체가 통합적 정의에 대한 지식과 삶의 방식을 지키며 살아 왔다. 큰 고통을 겪었으나 서구의 개인주의 삶에 익숙한 우리 모두를 너그러이 초대하여, 회복적 정의를 통해 정의를 배우고 이를 개인 삶과 사회 구조 속에서 녹여낼 수 있는 길을 열어 주었다.[3]

다행히 식민지화로 인해 거의 사라질 뻔했던 공동체 중심 삶의 방식과 역사 기록이 남아 있어 우리는 이를 더 심층적으로 이해할 수 있다. 회복적 정의의 근간을 이루는 서클대화는 비서구권 공동체에 깊이 뿌리내린 전통이다. 서클대화가 오랜시간 **공동체 내부** 문제를 해결하고 사람 사이를 연결하는 공간으로 기능해 왔다는 점을 더욱 충분히 인정하고 존중해야 한다. 나바호족과 같은 많은 선주민 국가는 오랜 과거부터, 해악과 갈등을 단절 현상으로 보았다. 치유와 재연결을 통해 관계를 회복하는 것이 그들에게는 정의였다. 뉴질랜드의 마오리족으로 대표되는 공동체 역시 수 세대에 걸쳐 공동체 기반 양형서클과 가족 서클대화를 지켜오고 있다.

현대 회복적 정의와 회복적 교육은 다양한 방식으로 서클대화를 활용하고 있다. 미셸 조 추장을 선두로 많은 학자가 회복적 정의를 더 깊이 배워야 한다고 강조한다. 파니아 데이비스Fania Davis, 에드워드 발란드라Edward Valandra, 마이샤 윈Maisha Winn은 현재 회복적 교육 실천의 문제점을 다음과 같이 지적한다.[4)] 연구에 따르면, 여전히 정학, 퇴학, 교무실 회부, 특수 교육 프로그램과 심화 프로그램에서 학생 인종별 차이가 크다.[5)] 비주류 정체성을 가진 성인이 교육계에 종사할 때 채용과 인사에서 차별을 경험하는 것 역시 마찬가지다.[6)]

발란드라는 회복적 정의가 발전하려면 회복적 정의는 선주민의 땅을 빼앗고 흑인 노예제를 만든 미국 역사 최초의 해악을 다루어야 한다고 주장한다. 이 문제를 등한시하며 학교에서 정의로운 관계를 맺는 방법을 가르칠 수 없다. 회복적 교육자는 지금까지 서구 시스템 속 학교 교육이 특권을 공고히 하고, 정의롭고 공정한 환경 조성을 방해해 왔다는 사실을 폭로해야 한다.

2015년 캐나다 진실과 화해 위원회가 94가지 권고안을 발표했다.[7] 이어서, 수백 명 아이의 집단 묘지가 발견됐다. 정부와 교회가 운영하던 기숙학교1831~1996에서 사망한 아이들이다.[8] 머레이 싱클레어Murray Sinclair 판사는 "교육이 우리를 이 혼란에 빠트렸다. 우리를 이 혼란에서 벗어나게 하는 일도 교육이 해야 한다"고 말했다.[9] 회복적 교육은 식민화에 따른 뿌리 깊은 억압과 해악을 인정하고 해결하라고 요구하는 길을 걸어가야 한다.

신앙 기반 회복적 정의

회복적 정의는 일부 종교적 전통과 맥락을 같이 한다. 많은 신앙인이 회복적 정의가 자신들의 신앙 핵심 가치에 잘 부합한다고 생각한다. 실제 여러 교육 기관의 정책, 절차, 관행도 신앙 공동체의 가치와 신념에 깊은 뿌리를 두고 있다. 기독교, 유대교, 힌두교, 이슬람교, 불교, 시크교의 신념 체계는 모두 그 해석에 따라 공동체와 관계 중심 회복적 정의 핵심과 잘 어울리며, 모든 사람을 소중히 여긴다 볼 수 있다. 반대로, 동일한 성서에 대한 다른 해석은 엄청난 폭력과 해악으로 이어지기도 한다. 기독교 전통을 따르는 일부 구성원은 자의적 해석으로 특정 지역 원주민 땅에 정착하고 원주민을 통제했으며, 끝내 대량 학살을 행했다.

신앙 기반 회복적 정의 회복적 교육 옹호자나 신앙을 통해 회복적 교육을 접한 이에게는 모든 사람의 가치와 존엄을 강조하는 공동체적 가치와 종교가 과거부터 현재까지 외부인에게 가하는 억압과 배척하는 역설을 소화하기 어려웠다. 일부 신앙 공동체는 성서 해석과 종교교육에서 의도적이든 비의도적이든 오독한 부분이 있음을 밝혔다. 종교적 관행이란 이름으로 행해진 불의의 역사를 인정했다.[10)]

신앙인이 회복적 정의를 치유로 가는 길로 받아들일 때, 회복적 정의의 가치로 살아가는 일은 이러한 역설과 씨름하는 과정을 피할 수 없다. 종교적 관행으로 상처받은 이들의 고통에 깊이 귀 기울였고, 신앙 공동체가 진실을 규명하고, 책임을 지고, 상황을 바로잡기 위해 회복적 과정에 참여할 수 있도록 촉구했다.[11)]

눈에 보이든 보이지 않든, 이러한 중요한 과거와 현재 맥락을 강조하는 것은 현재 교육에 회복적 정의를 통합할 때 씨앗과 뿌리가 자라는 토양을 가꾸는 것이다. 마이샤 윈Maisha Winn은 회복적 교육의 다섯 가지 교육학적 입장을 다음과 같이 밝힌다. 윈은 '역사는 중요하다', '인종은 중요하다', '정의는 중요하다', '언어는 중요하다', '미래는 중요하다'를 명명함으로써 이 토양의 내용을 분석하는 데 기여했다.12) 씨앗이 자라는 토양을 무시하거나, 없애거나, 중요하게 여기지 않으면 회복적 정의는 존재할 수 없다.

> **회복적 교육의 좋은 토양에 대해 깊이 알고 싶다면 마이샤 윈의 모든 당사자에게 공정한 정의Justice on Both Sides 2장을 읽어 보면 좋다**

다음으로, 우리는 회복적 교육이 학교 교육에 통합된 과정을 살펴볼 것이다. 이 역사를 톺아보는 일이 더 정의롭고, 공정하고, 다양하고, 포괄적인 문화를 육성하는 데 상당한 잠재력을 가진 회복적 교육의 비판적 발전에 기여하는 것이기를 바란다.

회복적 교육의 토대인 회복적 정의

회복적 정의는 서구사회 사법적 정의 구조에서 등장했다. 그러나 비서구권에서 회복적 정의의 원리는 이보다 먼저 존재했다. 공동체 안에서 발생한 문제는 피스메이킹 서클을 통해 공동체가 해결하는 나바호 원주민은 피해와 갈등을 연결의 부재로 보며 정의를 관계회복을 통한 치유와 재연결로 이해한다. 뉴질랜드 마오리족은 공동체가 범죄 형량을 정하거나community-based conferencing 가족이 모여 서클을 통해 문제를 해결하는 방식Family group conferencing, 이하 가족대화 컨퍼런스으로 세대를 거쳐 공동체 기반 정의를 구현한다.

1974년 엘마이라 사건The Elmira Case은 서구 사회에서 회복적 정의를 구현한 첫 번째 사건이다. 캐나다 온타리오주 키츠너Kitchener에서 발생해 키츠너 실험the Kitchener Experiment이라고도 부른다. 엘마이라 사건을 통해 단순히 법률을 적용해 형량을 내리기보다 피해를 밝히고 관계회복과 치유에 초점을 맞추는 '가해자 피해자 화해 프로그램VORP'이 탄생했다.

두 소년이 기물을 파손하자 보호관찰사와 메노나이트 중앙 위원회 자원봉사자는 공동체 중심 접근에 따라 사건을 다뤘다. 가해자는 피해자를 찾아가 배상을 했고 결과는 성공적이었다. 엘마이라 사건 이후 사법사건을 가해자 피해자 화해 프로그램으로 다루는 첫 번째 사례가 등장했고, 이 후 청소년 사법 사건을 이 프로그램으로 다뤘다. 1970년대 중반 미국 인디애나주 엘크하르트Elkhart에서는 가해자 피해자 화해 프로그램을 도입했다. 하워드 제어를 중심으로 회복적 정의 모델이 등장했고, 이 모델은 지금까지 40년 동안 영향을 끼치고 있다. 하워드 제어는 1990년도에 『우리 시대의 회복적 정의』2015년에 25주년 개정판을 발행, 대장간 역간를 써 회복적 정의라는 새로운 패러다임에 이론적 토대를 제공했다. 미국 변호사협회는 1994년에, 유엔은 1999년에 회복적 정의를 공식화했다.13)

교육 영역으로 확장

회복적 교육의 역사는 길지 않다. 초반에 회복적 정의를 교육에 통합한 나라는 호주, 뉴질랜드, 캐나다, 미국, 영국이다. 회복적 정의가 사법에서 미치는 영향을 본 교사, 교장, 상담가는 학교 풍토에 맞게 회복적 정의를 적용하기 시작했다. 2000년에 캐나다 브리티쉬 콜럼비아주 공동체중심 정의 협회Community Justice Initiatives Association는 랭리 지역 학교Langley School District에 회복적 정의를 도입했다. 이러한 지역사회 학교 협력 모델이 미국 펜실베니아와 콜로라도, 호주 퀸즈랜드, 영국 옥스포드셔, 뉴질랜드 웰링튼에 등장했다.

회복적 교육이 알려지는 시기에 뉴질랜드 출신 웬디 드르어리Wendy Drewery와 호주 출신 마그 토스본Marg Thorsborne을 중심으로 마오리족의 가족대화 컨퍼런스를 학교 현장에 도입했다. 싱가포르와 여러 아시아 국가에서는 갈등과 따돌림을 다루는 또래중재를 시작했다. 1990년도 중반 영국에서는 벨린다 홉킨스Belinda Hopkins를 선두로 회복적 정의에 기반한 안전한 학교 동맹the Safer School Partnerships을 출범했다.

미국 미네소타주는 낸시 리스턴버그Nancy Riesternberg를 선두로 회복적 교육을 도입했다. 1998년부터 2001년까지 미네소타 아동가족부 the Minnesota Department of Children Families, and Learning와 협력해 정학 및 퇴학률을 감소시켰다. 위 성공사례 이후 미네소타 교육부

주최로 회복적 정의를 학교에 도입했다. 리스턴버그는 교육부 소속 학교 문화 전문가school climate specialist로 활동하며 미네소타 주에 있는 학교가 회복적 정의를 도입할 수 있도록 지원했다. 학교 정책 및 실천에 회복적 정의를 통합한 사례는 다른 지역 학교에서 회복적 교육을 도입하는 원동력이 되었다. 2000년 중반 캐나다 온타리오 주 워터루와 요크에 있는 학교는 회복적 교육 전임 실천가를 임용했다. 캐나다에서 초기 회복적 교육 운동을 이끌었던 사람은 린 자밋Lynn Zammit, 앤지 도나이Angie Dornai, 브렌다 모리슨Brenda Morrison, 제니퍼 르웰린Jennifer Llewellyn 이다.

한편, 1999년에 펜실베니아 지역사회 NGO는 학교에서 퇴학을 받은 학생을 위해 회복적 정의 원리를 적용한 안전하고 건강한 학교SaferSanerSchools 프로그램을 시작했다. 이 경험을 토대로 국제 회복적 실천 기관IIRP: the International Institute for Restorative Practices, 이하 IIRP을 설립했다. 2007년 IIRP는 최초로 대학원 과정을 설립해 회복적 교육을 가르치고 있다. 대학원 과정 이외에도 호주, 캐나다, 유럽, 남미 지역에 지부를 두고 있다.

회복적 정의라는 개념이 학교에 들어오기 전, 1980~90년대 학교 현장에는 평화교육, 갈등해결교육, 또래중재, 행동 돌아보고 개선하기restitution와 같이 관계와 평화구축 프로그램이 있었다. 이를 회복적 교육 역사의 한 갈래로 볼 것인지에 대한 의견이 분분하다.

위에 열거한 프로그램은 회복적 정의라는 이름이 학교현장에 등장하자 회복적 정의의 개념을 도입했다. 이 점을 미루어 볼 때, 기존 프로그램은 회복적 정의가 학교에서 성장할 수 있는 밑거름을 제공했다고 볼 수 있다.

무관용정책과 회복적 교육

회복적 교육이 학교에 자리를 잡은 시기는 무관용정책 역사와 맥을 같이 한다. 미국은 1994년, 캐나다는 2000년에 '총기소지금지법the Gun-Free Schools Act'과 '안전한 학교법the Safe Schools Act'을 시행했다. 무관용정책은 사법구조의 영향을 받은 개념으로 법 위반 시 엄격히 처벌함을 의미한다. 총기소지금지법과 안전한 학교법 도입을 시작으로 학교는 무관용정책이라는 용어를 썼고 학생이 규칙을 위반하면 가혹하게 처벌했다. 교내에서 총기를 소지하면 무조건 정학을 내렸고, 마약 소지 및 다른 위반 사항에도 이를 적용했다.

1999년 일어난 두 사건으로 인해 무관용정책이 급속도로 확산됐다. 4월 20일 콜로라도 주 컬럼바인Columbine 고등학교에서 두 학생이 저지른 총기 사고로 13명이 사망하고 21명이 부상을 입었다. 8일 후 캐나다 알버타 주 타버Taber에서 고등학생이 모방 범죄를 저질렀다. 이후 다른 두 학교에 잇따른 총기사건이 일어나며, 무관용정책을 적용하는 학교 수가 급속도로 증가했다. 이에 따라 정학 및 퇴학률이 증가했고 이는 학교에서 감옥으로 이어지는 구조의 발판이 되었다.[14] 무관용정책으로 인해 의도하지 않던 결과가 나타나자[15] 다수 사람이 이 정책에 심각하게 의문을 제기하기 시작했고, 많은 학교가 대안을 찾기 시작했다.

무관용정책에서 회복적 정의로

2000년대 중반 무관용정책에 대한 거센 비판이 일어날 때 회복적 정의가 그 대안으로 떠올랐다. 2007년 캐나다 온타리오 교육부 장관은 무관용정책 실패를 공식적으로 선언하며, 학생이 성장할 수 있도록 지원하는 중재와 회복적 정의의 법제화를 선언했다.[16] 미국 심리학협회는 무관용정책이 아동발달과 교육에 비효과적일 뿐 아니라 부정적이라는 연구결과를 발표했다.[17]

보다 최근인 2014년, 미국 법무부와 교육부는 배제적인 처벌이 과하게 일어나고 처벌이 인종, 경제수준에 따라 차별적으로 가해진다고 밝혔다. 이와 함께 회복적 정의를 정학 및 퇴학문제에 대한 대안으로 제시했다.[18] 이러한 변화의 물결 속에서 회복적 정의의 필요성을 교육적 맥락에서 이해하고 수용하는 교육 운동이 커졌다. 교사나 상담교사 개인이 한 학교에서 시작하는 것을 넘어, 지역구 전체 학교가 회복적 교육을 채택하기에 이르렀다.

오클랜드 지역에서 존 키드John Kidde, 리타 알프레드Rita Alfred,

파냐 데이비스Fania Davis가 이끄는 RJOYRestorative Justice for Oakland Youth, 이하 알조이의 지역 학교와의 협력이 놀라운 성과를 내고 있다. 오클랜드 서구에 위치한 콜 중학교는 알조이와 협력하여 교직원 연수를 진행했고, 2005년에 알조이 프로그램을 운영하는 학생 생활 담당 교사를 채용했다. 2007년에 회복적 정의에 기반한 훈육을 시행했고 학생 서클 진행자를 양성해 세웠다. 2016년에 오클랜드 교육구 대부분 중고등학교 회복적 정의 부서를 설치하고 회복적 정의 실천가를 임용했다.

초기 지금도 지속되는 회복적 교육 동향

회복적 교육은 회복적 정의의 광범위한 실천 분야로만 다뤄지기도 하나, 10년 간 회복적 교육을 실천한 기록이 성실히 쌓인 후 2010년과 2015년 사이 자체적인 실천과 원칙을 가진 독자적인 분야로 확고히 자리매김했다. 이 과정에서 세 가지 초기 변화를 확인할 수 있다.

회복적 교육학 이론 발전

초기 회복적 교육은 교사, 상담가, 혹은 교장 개인이 실천하는 풀뿌리 운동으로 시작되었다. 현재 많은 학교가 회복적 교육을 학교 전체 시스템에 도입해 실천하고 있다. 초기 실천 이론은 범죄학과 사회학에서 말하는 훈육 개념을 빌려왔다. 회복적 교육이 자체 분야로 발전해야 한다는 필요성이 커지면서, 옹호자들은 교육 이론과 교수법을 함께 고려한 더 깊이 있는 기반을 찾아야 했다. 이렇게 성장을 하다 보니 자연스럽게 회복적 교육 관련 자료와 연구가 활발해졌다.

몇몇 교육자가 교육에 초점을 맞춘 회복적 교육 이론에 대해 썼다. 2004년 벨린다 홉킨스는 회복적 교육의 통합적 접근에 대한 책 『회복적 학교*Just Schools: A Whole School Approach to Restorative Justice*』를 썼다. 이 책은 훈육만으로 정의로운 학교 공간을 창조하기 어려움을 밝힌다. 2005년 로레인 슈츠만 암스츄와 주디 뮬렛은 『학교현장을 위한 회복적 학생생활교육』을 써 회복적 정의에 기반한 학교 훈육 기본 원리를 소개했다. 2007년 학교 현장에 초점을 맞춘 여러 책이 출판됐다. 론 클라센과 록산 클라센은 『회복을 위한 훈육*Discipline that restores*』이란 책에서 학교 훈육과 함께 존중과 협력이 있는 학습 환경 조성 모델을 제시했다. 브렌다 모리슨은 회복적 교육에 대해 발표한 논문을 종합해 따돌림과 학교 폭력 문제에 대한 대안을 제시하는 『안전한 학교 공동체 회복하기』를 썼다.

책 이외에도 회복적 교육을 실천하는 데 도움을 주는 시청각자료가 많이 공급되었다. 이 책 끝에 참고할 수 있는 자료의 출처를 실었다.

회복적 교육에 대한 이해 확장

회복적 정의를 학교 현장에 처음 도입했을 때 정학 및 퇴학에 대한 대안적 방법으로 이를 소개했다. 초기 회복적 정의는 학생 행동에 초점을 맞추고 그 일로 인해 발생한 피해를 다룰 때 사용했다. 그러나 최근 회복적 정의는 건강한 학교 문화를 가꾸기에 초점을 맞춘다. 브렌다 모리슨과 도로시 반더링[19)]은 연구에서 학생행동을 사회적 통제가 아닌 사회 참여의 관점으로 바꿔 볼 수 있도록, 회복적 교육을 실천할 때 학생 개인의 행동 변화를 넘어 학교 문화 변화에 초점을 맞출 것을 제안했다.

한편에서는 회복적 정의를 중재로 피해를 다루는 방법으로만 바라본다. 하지만 대다수가 교육 영역에서 회복적 정의를 피해 다루기 뿐 아니라 건강한 관계의 회복 및 정의롭고 공정한 학습 환경을 창조하는 관점으로 이해하고 있다. 예를 들어, 많은 학교가 회복적 접근의 한 갈래인 사회감수성학습을 실천하며, 감정을 인식하고 감정에 반응하는 기술을 학생들에게 강조하며 직접 가르친다.

교사양성 교육과정에 회복적 교육 도입

교사양성과정에 회복적 교육을 도입한 것은 회복적 교육의 성장을 잘 보여준다. 이전 회복적 정의 연수는 교사연수나 공동체 단위 연수가 전부였으나 몇몇 교원양성 과정 대학교에서 회복적 교육 교과를 신설했다. 뉴질랜드 와이카토 대학교는 2000년대 초기에 회복적 교육을 교육과정으로 편성했고[20] 2014년 미국 버지니아주 해리슨버그에 위치한 이스턴 메노나이트 대학교는 교육학부 내 회복적 교육 석사 및 자격증 과정을 출범했다.[21] 2016년 캐나다 브리티쉬 콜럼비아 밴쿠버에 위치한 시몬 프레저 대학교는 교육학부에 회복적 교육 과정을 신설했다.[22] 교육 인적 자원이 회복적 교육에 대한 지식, 기술, 태도를 배우는 교육은 중요하기에 이러한 과정이 더욱 많아지리라 예상한다.

최근 회복적 교육 특징

2016년 이후 회복적 교육은 크게 성장했다. 이론, 확장된 관점, 교육 프로그램은 전 세계적으로 계속 발전하고 있으며, 회복적 교육이 최근 교육 변화에 미치는 영향력을 주목하고 있다.

진정성 있는 실천의 핵심 요소를 밝히는 연구 증가

회복적 교육 효과를 밝히는 연구가 활발히 진행되고 있다. 연구를 통해 얻은 통찰은 유망한 결과와 우려되는 결과를 모두 보여주고 있다. 이는 회복적 교육 철학과 실천이 더욱 발전할 수 있는 동력이 된다. 회복적 교육 연구 동향은[23] 회복적 실천 초기에 나타나는 현상에 관한 것으로, 견고하게 시작하는 실천 사례나 시작부터 심각한 난관에 부딪히는 사례를 볼 수 있다. 이 중 가장 숙고해야 할 난제는 회복적 교육이 공정성 문제를 다루지 못한다는 점이다. 유색인종 학생, 장애 학생, 성소수 학생의 정학률과 퇴학률은 다른 정체성 집단에 속한 학생에 비해 여전히 높다. 이 부분에 대한 연구가 회복적 교육 연구에 반드시 반영되어야 한다.

반인종차별적, 문화이해 기반 철학과 실천

회복적 교육을 실천하는 기관에서 소수집단인 아메리카 선주민과 아프리카계 선주민의 존재 방식인 서클을 전유하고 도용하는 것에 대한 거침없는 비판이 있다. 이 문제에 관련한 문헌이 늘어나고 있는 것에 주목해야 한다. 회복적 교육자는 이 비판을 진정성 있고 공정한 방식으로 인정하고 중점적으로 다뤄야 한다. 북아메리카 선주민, 흑인, 유색인종 공동체를 대표하는 회복적 정의 운동가의 목소리에 더욱 의도적으로 귀를 기울어야 한다. 회복적 학교를 실천할 때 인종과 문화의 우월성, 고정관념과 같은 불의를 드러내어 공정성을 세워야 한다. 회복적 교육의 핵심 신념인 모든 사람은 가치 있고 상호 연결된 존재라는 명제가 또렷이 의식화될 때 교육의 식민화 문제를 다룰 수 있다. 그렇지 않으면 회복적 교육도 식민화 교육밖에 되지 않는다.[24]

트라우마와 회복탄력성에 대한 강조 증가

최근 회복적 교육 연구자와 실천가는 회복적 실천을 할 때 다양한 트라우마가 관계에 드러나는 양식을 더 깊게 이해해야 한다고 강조한다. 조 브루머Joe Brummer는 『트라우마 이해 기반 회복적 학교*Building a Trauma-Informed Restorative School*』25) 에서 교육자가 학생, 가족, 동료의 삶에서 미치는 트라우마의 영향을 쉽게 간과하는 현실을 주목한다. 실제로 트라우마 이해 없는 회복적 교육 실천은 더 큰 피해를 불러 올 수 있다. 역으로, 트라우마 이해 기반 교육 실천이 인간 존재를 이해하는 틀로 회복적 교육 철학을 통합하면 학교 문화 전반을 변화시키는 교육으로 도약할 수 있다.

요약

회복적 교육은 빠르게 확산되고 있다. 이번 장에서 회복적 교육 발전 역사를 간략하게 살펴보았다. 이 역사는 우리의 시각에서 기술됐기에 전체가 아니라 한 부분임을 다시 한번 강조한다. 앞으로 다른 관점으로 본 회복적 교육 발전 과정에 대한 서술이 더해지기를 바란다.

회복적 교육을 한 가지로 정의 내리기는 쉽지 않다. 하나로 정리된 정의가 없다는 점이 회복적 교육이 주로 비판 받는 부분이다. 다양한 접근방법을 회복적 실천이라 부르고 있으나, 회복적 교육의 핵심 원리, 신념, 가치를 공유해야 지속가능한 실천이 가능할 것이다.

이 책에서는 회복적 교육 실천 방법보다는 뼈대를 짚는 포괄적인 관점에 초점을 맞춘다. 회복적 교육의 뼈대를 이루는 세 가지 구성요소는 다음과 같으며 이 세 가지는 중첩되기도 하고 상호 긴밀하게 연결되어 있다.

- 정의롭고 공정한 배움의 공간 창조하기
- 건강한 관계로 성장하기
- 피해를 회복하고 갈등을 전환하기

4~6장에서 세 가지 요소를 보다 자세하게 다루기 전, 3장에서 회복적 교육의 핵심 신념과 가치의 중요한 역할에 대해 살펴보겠다.

3장 • 회복적 교육의 신념과 가치

〈성찰 질문 및 활동〉 최근에 크든 작든 내가 내린 결정을 떠올려 보자. 결정 후에 무슨 일이 일어 났는가? 다음 질문으로 결정을 내릴 때 영향을 준 요인을 생각해 본다.

- 다른 사람이 결정을 내리는 데 영향을 주었는가?
- 상황에 대한 인식이 결정을 내리는 데 영향을 주었는가?
- 예상할 수 있는 결과가 결정을 내리는 데 영향을 주었는가?
- 이전 경험이 결정을 내리는 데 영향을 주었는가?

결정을 내리는 일은 숨을 쉬고 먹고 자는 일같이 일상적이어서 우리는 평소 결정할 때 영향을 주는 요인을 깊이 생각하지 않는다. 결정에 영향을 주는 요인보다 결정 후 일어나게 될 일에 대해 더 많이 생각하는 경향이 있다. 식물을 자라게 하는 씨앗과 지탱해 주는 뿌리보다 꽃에 더 많은 관심을 두는 것처럼 말이다. 사람, 조직, 기관, 사회가 내리는 결정과 행동에 영향을 주는 요인은 신념과 가치를 성찰할 때 가능하다.

회복적 교육은 특정한 신념과 가치에서 출발한다. 교육자나 교육기관이 회복적 교육을 실행, 발전, 유지하려면 개인과 기관의 가치와 신념이 회복적 교육이 지향하는 가치와 신념과 부합하는지 객관적으로 살펴보아야 한다. 이 일은 쉽지 않다. 신념과 가치를 비판없이 수용하거나, 환경에 따라 바꾸는 경우가 있기 때문이다. 또, 신념과 가치는 사회·문화적 배경에 영향을 받고, 다른 것과 복잡하게 얽혀있다. 그러나 공동체의 긍정적 변화를 일구려면 꼭 해야하는 일이다.

이번 장에서는 안경을 비유로 사용해 회복적 교육의 신념과 가치를 더 깊이 살펴 볼 것이다. 이와 함께 자신의 핵심 신념과 가치를 살펴보며 회복적 교육이 자신을 신념과 가치대로 살게 하는지 생각해 보자.

세계관을 형성하는 안경

하워드 제어는 세상을 바라보는 렌즈를 살피고 바꿀 때 비로소 회복적 정의를 실천하는 일이 가능하다고 말한다.[1] 시력에 맞는 안경을 쓰면 보다 선명하게 사물을 볼 수 있는 것처럼 우리의 머리와 가슴이 따르는 관점은 세상을 이해하는 데 도움이 된다. 관점의 토대는 신념과 가치이다. 안경테와 안경알의 관계처럼, 신념과 가치가 서로를 지지하며 행동과 결정에 영향을 준다.

신념 : 신념은 안경테와 같다. 완벽하게 증명할 수 없어도 우리

가 진리라고 받아들이는 개념이다. 신념은 경험, 직관, 신뢰, 확신과 같은 감정을 포함하며 우리가 세상을 바라보는 방식에 영향을 준다. 공룡의 존재

여부와 같이 먼 과거의 일과 기후변화와 같이 미래에 일어날 일, 빅뱅 이론과 같이 눈에 보이지 않는 이론, 종교와 같이 초월적 존재를 믿는 신앙, 개인주의와 같은 한 개인의 철학을 포함한다. 우리는 태어나 가정에서부터 시작되는 개인적 경험과 사회문화적 요소의 영향을 받아 신념을 형성해 간다.

내가 가진 신념 중 질문없이 받아들이는 것이 있다. 때로 어떤 사건들로 새로운 신념을 마주할 때, 기존 신념을 유지하거나 수정할지 아니면 버릴지 선택한다. 신념은 생각과 행동에 의식적, 무의식적으로 영향을 주며, 어떻게 살아야 하는지 안내하는 중심축, 태도, 혹은 관점이다. 예를 들어 보자. 아동과 청소년의 이성적 능력에 대한 나의 신념은 무엇인가? 성인의 축소판으로, 성인과 같이 자신의 선택과 행동을 온전히 이해할 수 있는 존재로 보는가? 아니면 아직 발달 과정에 있는 존재로 보는가? 이 신념에 따라 아이와 맺는 상호작용이 달라질 것이다.

가치 : 안경알을 통해 우리는 사물을 본다. 가치는 우리가 삶에서 중요하다고 생각하는 것을 의미한다. 신념이 가치를 형성하나,

가치 또한 신념에 영향을 준다. 한 사람이 가치 있게 생각하는 것은 타자와 환경에 영향을 받으며, 안전과 존재의 행복을 추구하며 형성된다. 개개인은 생존과 번영을 위해 필요한 것을 알며 이를 바탕으로 행동하고 선택한다. 다시 한번, 앞에서 든 예를 떠올려 보자. 아이의 이성적 능력이 성인과 같다고 생각하는 사람은 아이의 행동이 고의적이므로 행동이 변하려면 야단을 치거나 벌을 주어야 한다고 생각할 수 있다. 아이가 성장하는 과정에 있다고 생각하는 사람은 아이의 행동은 어려운 문제를 씨름하고 있다는 증거로 보며, 변하려면 아이를 지원해야 한다고 생각할 수 있다. 첫 번째 관점을 가진 사람은 순종, 완벽함, 순응,동화라는 가치를 중요하게 여길 수 있는 반면 두 번째 관점에서는 정직, 신뢰, 용기주기, 지지, 관계, 협력을 중요하게 여길 수 있다.

우리는 어떤 과정으로 회복적 교육을 이해하는 안경을 쓰게 될까? 먼저, 내가 쓰고 있는 안경이 나의 세계관임을 인정한다. 다음으로 다른 안경을 쓸 수 있다는 사실을 안다. 그 후, 이전에 쓰던 안경을 벗고 새로운 안경을 쓰기로 선택한다.

내가 쓴 안경

내 신념과 가치가 언제나 명료한 것은 아니다. 신념과 가치를 의식하지 못하거나 현실세계와의 갈등 때문에 억압할 경우, 표현하는 신념과 가치가 실재와 다를 수 있다. 말이 아닌 행동은 우리의 중심을 보다 정확하게 성찰하게 해 준다. 우리는 말이 아닌 신념에 따라 살아간다.[2] 핵심 신념과 가치를 인식하려면 깊이 성찰하는 작업이 필요하다.

성찰할 때 행동을 자세히 살피면 도움이 된다. 내가 왜 이 행동을 하는지 뿌리 역할을 하는 가치를 성찰하면, 가치 뿐 아니라 가치를 지탱하는 핵심 신념을 찾을 수 있다. 다음 활동 중 한 가지 이상을 해본다.

- 삶에서 나를 몹시 아끼는 사람을 떠올려 본다. 그 사람이 없다면 내가 잃게 되는 것은 무엇인지 목록을 적어 본다.
- 일이나 개인적인 삶에서 관계를 맺는 모임의 구성원들을 떠올려 본다. 내가 나다울 수 있도록 **모임 구성원들에게** 바라는 것은 무엇인지 목록을 적어 본다.
- **희망**을 상징하는 물건을 떠올려 보고 이유를 설명한다.

이 활동과 연결지어, 내가 중요하게 생각하는 가치를 생각해 본다. 가치 중 한 가지를 선택해 이 가치가 사람에 대한 나의 어떤 신념과 연결되는지 생각해 본다. 예를 들어, 다른 사람이 나를 정서적으로 지원하고 인정해 주는 것을 **가치 있게 여긴다면**, 모든 사람은 서로 연결되어 있으며 온전한 인격체가 되려면 다른 존재가 필요하다는 신념과 연결지을 수 있다.

간단해 보이나 이 과정은 사실 대단히 복잡한 작업이다. 우리가 쓰고 있는 안경은 인종, 문화, 종교, 성적 지향, 사회적 성인 젠더, 장애 여부, 소득 규모 등 우리가 속한 사회적 계층에 영향을 받기 때문이다. 예를 들어,

- 저자인 우리는 둘 다 특권을 지닌 유럽계 백인이고, 중산층에 비장애인 교수이다. 이 특권은 우리의 의지와는 상관없이 우리가 쓰고 있는 안경에 영향을 준다. 이러한 영향력을 의식할 때 비로소 우리의 특권이 타자의 안녕에 해를 끼칠 수 있음을 인정할 수 있다.
- 오늘날 대부분의 서구 사회는 개인의 자유를 중시하는 개인주의와 이윤을 추구하는 자유시장경제주의에 크게 영향을 받고 있다. 학교는 사회의 영향을 받아 학생의 시험 성적이 학업성취도와 연결되며 시험 성적이 높은 학생일수록 학교에서 가치가 높다. 즉, 학생의 가치를 상품화하며 학교를 기업과 같이 운영한다.[3)]

신념과 가치를 알아가는 작업을 할 때 감정적으로 압도되는 경험을 할 수 있다. 그러나 시작만으로도 의미가 있다. 나 자신도 모르게 형성한 왜곡된 관점을 마주할 것이다. 내 신념과 가치와 행동이

일치하지 않는다고 낙담하지 않았으면 한다. 이는 자연스러운 과정이며, 우리를 보다 나은, 다른 선택으로 나아가게 하는 전환점이 될 수 있다. 깊이 성찰할 때 진정성과 지속성이 있는 변화가 시작된다.

새로운 안경

회복적 교육 원리와 실천을 뒷받침하는 핵심 신념은 다음과 같다.

- 모든 사람은 가치 있는 존재이다.
- 모든 사람은 타자와 세상과 깊이 연결되어 있다.[4)]

눈에 보이는 성격과 행동에 관계없이 모든 사람은 가치 있는 존재다. 숨을 쉬고 살아 있기 때문이다. 사람은 상호적인 존재이기에 타자와 세상과 좋은 관계를 맺을 때 성장한다.

씨앗인 핵심 신념은 핵심 가치인 존중, 존엄성, 상호책임이라는 뿌리에서 자란다.[5)] '사람은 가치 있는 존재이다'라는 핵심 신

존중respect은 다시라는 의미인 re와 보다라는 의미인 spect가 합쳐진 말로 상대편 관점에서 다시 한 번 보다로 이해할 수 있다. 즉, 상대방 입장에서 반응하는 것을 의미한다.

념은 존중과 존엄성이라는 가치와 '사람은 서로 연결되어 있다'는 핵심 신념은 상호책임이라는 가치와 연결되어 있다. 자신의 행동이 위 가치와 연결되어 있는지 다음 질문을 통해 확인할 수 있다.

존엄성은 무엇으로도 대체할 수 없는 가치를 의미한다. 모든 사람은 존엄하다. 한 사람의 본질은 그 무엇으로도 대체될 수 없기 때문이다.

- 타자와 세상과 상호작용할 때 상대를 있는 그대로 수용하며 존중하는가? 아니면 상대가 변화해 나와 같이 되기를 원하는가? 나의 필요를 채워줄 누군가가 되기를 원하는가?
- 상대를 존엄한 존재로 대하는가? 최상의 모습을 기대하며 그를 대하는가?
- 타자가 어려움을 이기고 성장하려면 필요한 것이 무엇인지 의식하고 있는가?
- 타자의 존재로서의 행복과 안녕에 내가 방해하는 것이 없다고 확신하는가?
- 나는 타자의 존재로서의 행복과 안녕에 기여하는 일을 추구하는 공동체와 함께 하는가?
- 이 모든 일이 나를 나답게 하는가?

회복적 교육 관점에서 기대하는 인간상과 가꿔가는 공동체의 실재는 이와 같은 가치를 담고 있다. 사람은 상대가 자신을 가치 있게 여기고 상대와 연결될 때 안전함과 소속감을 느낀다. 회복적 교육을 실천할 때 핵심가치와 신념을 완벽하게 재현할 수 없다. 하지만 긴장 속에서도 핵심 신념과 가치를 붙잡으면 두려워하지 않고 피해를 다룰 수 있다.

새로운 안경을 어떻게 쓰고 있는가?

때로는 내 관점이 누구보다 정확하다고 여기며 객관적이지 못할 때가 있다. 예를 들어, 본인이 자신, 타자, 세상을 **존중**한다고 확신한다 해도 내가 의미하고 경험하는 존중과 타자의 경험이 다를 수 있다. 관점이 달라서 서로 이해하며 상호작용하는 데 어려울 수 있다. 회복적 교육이 서로의 관점을 이해하는 데 어떤 도움을 줄 수 있을까?

스스로 타자와 관계 맺는 방식을 비판적으로 성찰하는 데 도움이 되는 질문은 다음과 같다.

1. 존귀하게 여기는가?
2. 평가하고 있지 않은가?
3. 어떤 의도를 전달하고 있

상호 책임은 문제를 공동의 문제로 바라보는 것을 넘어, 문제 발생의 책임을 인정하고 공동체가 함께 이를 돌본다.

는가?[6]

존귀하게 여기는가?

사람을 존귀하게 여김은 있는 그대로 수용함을 의미한다. 상대를 나와 같이 욕구, 관점, 문화를 가진 존재로 인식하는 것이다. 상대와 대화할 때 고쳐주거나 도와주려는 의도가 아니라 상대를 신뢰함으로 듣는다. 사려 깊은 질문을 묻거나 오롯이 듣는다. 판단하지 않고 온전히 곁에 있고자 하는 나의 마음을 상대가 느낄 때 상대는 소속감과 지원을 경험한다.

평가하고 있지 않은가?

스스로나 상대를 **마땅히 그래야 한다**는 내가 만든 기준으로 평가할 때가 있다. 상대를 평가할 때 평가하는 주체인 나는 상대보다 힘을 더 많이 가진 존재가 된다. 상대의 가치나 능력이 내가 정한 기준에 미달일 때 내 가치는 더 높아진다. 상대가 부적합다는 인식이 내 가치를 입증한다.

서구 사회에서 우리는 기준을 정하고 이에 따라 평가하며 무리를 형성해 누군가를 환영하거나 소외시켜 왔다. 예를 들어, 상업 광고에서는 가진 자와 가지지 못한 자를 구분한다. 최신 물건을 가지면 우월감을 그렇지 않으면 열등감을 느끼도록 부추긴다. 학교도 학생을 능력과 행동에 따라 구분하도록 제도화되었다. 물론 비교와 평가를 유용하게 사용할 수 있다. 이 때 평가의 목적을 신중하게 설정해야 한다. 예를 들어, 학생의 읽기 능력을 측정하는 목적이 학생의 행복을 위한 것인지 교사의 교수능력의 탁월함을 입증하려는 것인지 점검해야 한다.

학생의 행복을 위해 평가한다는 목적도 점검해야 한다. 학생의 행복에 기여하는 것을 내가 판단한다는 것이 주제넘은 생각일 수 있다. 나의 행동이 상대를 가치 있게 여기고 상대와 연결되어 있다는 신념에 따른 것인지 어떻게 알 수 있을까? 다음 질문을 통해 타자와 맺는 상호작용을 확인해 본다.

어떤 의도를 전달하고 있는가?

공감과 자비compassion로 상대를 대하는지 살펴야 한다. 상대의 입장이 되어 상대와 나의 상호작용을 살피는 방법이 있다. 다른 방법으로 내가 상대를 대하는 방식에서 상대방이 존중을 받고 있다고 느끼는지 직접적이고 상냥하게 묻는다. 직접 물으면 내 말과 행동으로 인해 상대가 연결된 느낌을 받는지 아닌지 확인할 수 있다.

회복적 교육 관점으로 살기

처음 회복적 교육의 관점으로 상호작용을 할 때 낯설게 느낄 수 있다. 점점 익숙해질 때 앞서 제시한 세 가지 질문을 성찰하며 관점의 변화를 인식하게 되지만, 지속적으로 성찰하는 작업이 피곤하게 느껴질 수 있다. 회복적 교육 관점을 알아갈수록 세상에 익숙한 관점과의 차이점을 보기 때문이다. 그 차이가 더욱 크게 느껴지면, 새 안경이 불편해 끝내 벗을 수 있다. 하지만 더욱 진정성있는 관계를 맺어가며, 새로운 관점을 가졌다는 것을 의식하지 못한 채 회복적 교육에 젖어 든 나를 발견할 수 있다. 내가 중요하게 여기는 존중, 존엄성, 상호 책임을 통해 모든 사람의 가치와 상호연관성을 드러내며 살아가는 데 의미를 둔다.

회복적 교육을 실천할 때 우리는 모든 사람이 연약한 존재인 동시에 기여할 수 있는 존재임을 알게 된다. 갈등과 다름에 대한 두려움이 줄어든다. 방어하거나 보호하는 입장을 취하는 대신 다른 사람과 함께 적극적으로 모든 이의 존재적 행복과 안녕을 소중히 여기는 방향으로 나아가는 길을 모색한다. 궁극적으로 회복적 교육 관점은 우리를 사회 통제가 아닌 사회 참여의 삶으로 안내한다.[7)]

요약

3장에서는 개인 신념과 가치를 성찰하는 작업이 회복적 교육 실천과 어떻게 연결되는지 살펴보았다. 이와 함께 회복적 교육의 신념과 가치가 학교의 핵심 신념과 가치와 어떻게 연결되는지 살피는 일도 중요하다. 공통점과 차이점을 파악하는 작업을 통해 회복적 교육의 발전과 지속가능성을 그릴 수 있다.

다시 한번 회복적 교육을 식물로 비유해 말하면, 이번 장에서는 씨앗과 같은 핵심 신념과 뿌리와 같은 가치를 살펴보았다. 핵심 신념과 가치가 살아 있어야 정의롭고 공정한 배움의 공간 창조, 건강한 관계로 성장, 피해를 회복하고 갈등을 전환하는 회복적 교육의 원리와 실천을 생생하게 구현할 수 있다.

2부: 회복적 교육의 요소

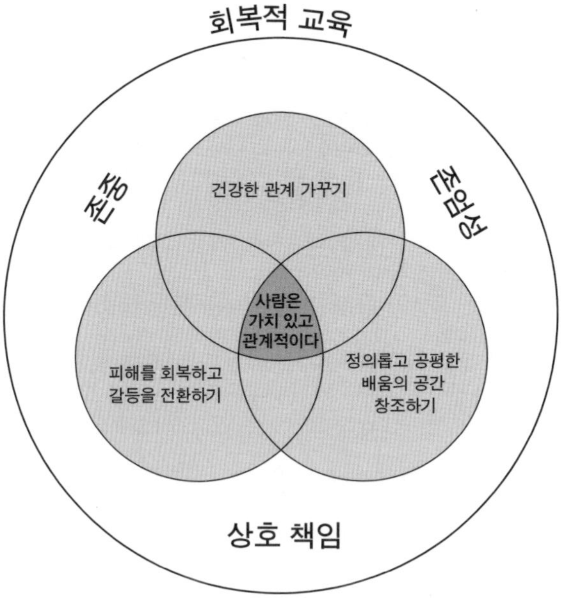

3장에서 회복적 교육의 중심을 이루는 핵심 신념과 핵심 가치인 존중, 존엄성, 상호 책임을 살펴보았다. 2부에서는 핵심 구성요소를 살핀다.

- 4장은 정의롭고 공정한 배움의 환경을 창조하는 일의 중요성을 설명한다.
- 5장은 건강한 관계로 성장하는 데 필요한 요소와 실천방법을 설명한다.
- 6장은 피해를 회복하고 갈등을 전환하는 방법을 설명한다.

앞서 제시한 표를 통해 핵심 구성요소는 핵심 신념과 가치를 공유하고 서로 교차함을 볼 수 있다. 4~6장에서 설명하는 구성요소는 서로 연관되어 있으며 영향을 주고 받는다. 예를 들어, 건강한 관계로 성장하려면 정의롭고 공정한 배움의 공간을 창조하는 작업과 관계에서 힘의 위계 구조를 파악하여 갈등과 피해를 효과적으로 다루는 일이 필요하다. 필수 구성 요소 간 우위나 선위관계가 존재하지 않으며 세 요소 모두 중요하다.

2부에서 내용은 세 단계로 전개된다.

1. 용어를 정리하고 학교 문화 가운데 주제가 갖는 의의를 살핀다.
2. 회복적 교육과 구성요소 간의 관계를 설명한다.
3. 세 구성요소를 포괄적으로 실천할 수 있도록 구체적인 실천 방법을 제시한다.

실천 방법으로 방대한 자료 대신 기본개념을 적용한 간단한 사례를 실었다. 회복적 교육 실천 방법은 상황에 따라 다르다. 2부에서 제시하는 개념과 활동을 학교 현장에서 활용할 때 공동체의 필요와 역량에 따라 보다 구체적인 실천 방법이 떠오를 것이다. 각 장 앞이나 중간에 '성찰질문 및 활동'을 실었다. 이 자료가 각 장에서 다루는 개념을 실천하고자 하는 개인과 공동체에 도움이 되기를 바란다.

4장 • 정의롭고 공정한 배움의 환경 창조하기

〈성찰 질문 및 활동〉 이 장을 읽기 전, 잠시 정의와 공정을 생각할 때 떠오르는 단어를 적거나 그림을 그려 본다. 학교 현장에서 이를 구체화한다면 어떤 모습일까? 교육에서 정의란 무엇인가? 공정한 배움 환경이란 무엇인가? 교육 현장에서 정의를 어떻게 구현하고 경험하고 있는가?

공정한 배움의 공간을 만드려면 다양한 요소를 고려해야 한다. 정의와 공정의 의미를 분명하게 이해하고 불의가 무엇인지 인식하는 과정이 필요하다. 그러나 이해와 인식만으로는 충분하지 않다. 신념과 가치를 우직하게 교육하고 실천하며,[3장] 건강한 관계로 성장하고,[5장] 갈등과 피해를 다루는 능력을 키워야 한다.[6장]

다음 상황을 생각해 보자.

- 리사는 교육부 주관 수학 기초학력능력 평가 구두시험에서 '분류하다'라는 발음을 할 수 없었다. 중학교 졸업반이라 시험에 떨어져 고등학교에 올라가 기초 수학을 들어야 하면 대입 필수 수학 과목

을 들을 수 없다. 리사는 수학을 잘한다. 단지 단어를 읽는 데 어려움이 있을 뿐이다.

- 테리는 5학년 미술 교사로 새로 부임했다. 공립학교에서 차별금지법으로 개인의 성정체성을 보호받을 수 있지만 자신이 동성애자임을 동료교사, 학생, 학부모가 알게 될까 두렵다. 사회적 소외를 경험하거나 다른 사람보다 엄격한 잣대로 평가 받을까봐 걱정이 된다. 테리는 성정체성을 말하지 않기로 결정하고, 사생활이 드러나는 대화는 피한다.
- 12월 월요일 아침, 칼리는 교실에 들어서자 밝게 불빛 나는 나무와 산타클로스 그림을 본다. 크리스마스 음악이 잔잔히 흐른다. 한숨이 나온다. 낯선 공간으로 변해버린 교실에서 반 친구들이 우리 가족은 크리스마스를 지내지 않는다는 사실을 알게 될까 봐 걱정이 된다.

정의와 공정이란 무엇인가?

학교에서 매일 많은 교사와 학생이 벽에 부딪히는 상황을 만난다. 몇몇은 인종, 젠더, 성적지향으로 인해 주변부로 밀려난다고 느끼거나 언어, 종교, 가정 소득 수준, 장애 때문에 학교가 본인의 삶과는 동떨어진 공간으로 느낀다. 이러한 실재를 충분히 이해하려면 정의와 공정의 본질을 이해하는 것이 중요하다.

정의

정의Justice의 개념을 정의할define 때 어려운 점은 정의라는 용어를 다양한 맥락에서 사용해 왔기 때문이다. 대법원의 판결부터 사법 구조에서 법을 집행하는 구조, 자원을 분배하는 방식을 설명하는 사회정의에 이르기까지 정의를 사용한다. 정의라는 단어에 많은 뜻이 있어 **회복적 정의**를 말할 때 의도적으로 다른 용어를 사용하는 부류가 있다.

예를 들어, 범죄와 비행이 발생할 때 회복적으로 다루는 방식을 **회복적 정의**라 일컫거나 **회복적 훈육**이라 부른다. 교육 기관이나 교육기관 밖에서 공동체성을 강화하며 비행을 예방하는 활동은 **회복적 접근**이나 **회복적 실천**이라 일컫는다.

우리는 회복적 정의에 기반한 교육적 접근을 다양한 용어를 부르는 것을 존중한다. 우리는 기본적 정의가 의미하는 정의의 개념을 강조하려고 정의라는 용어를 넣어 '회복적 정의에 기반한 교육'이라 부른다. 기본적 정의란 개인과 공동체 모두의 안녕을 위해 필요한 욕구를 돌보는 것을 의미한다. 존중, 존엄성, 상호책임을 바탕으로 모든 사람의 존재가 가치 있게 여겨질 때 사람은 정의를 경험한다. 기본적 정의는 사법 기관에서 피고에게 양형을 내리는 이차적 정의보다 더 포괄적인 개념이다. 관계에서 불평등한 요소는 없는지 살피고 모든 사람의 욕구를 충족할 수 있는 방법을 찾는다. 기본적 정의의 개념은 다양한 전통에서 찾을 수 있다.

하워드 제어는 **정의**를 히브리어인 **샬롬**shalom과 같다고 본다. 정의란 "바른" 관계를 의미하며 이는 만물이 본래 상태로 존재하는 것을 의미한다. 또한, 히브리어인 **세데카**sedeqah는 "바른" 삶, 의로움과 연관된 단어이며, 샬롬의 삶을 추구하며 정의를 실행하는 것을 의미한다. **세데카**는 수동적이 아닌 능동적인 자세이며 유대 기독교 전통에서 정의는 "조화와 온전함, 건강과 번영, 통합과 균형의 긍정적 현존 … 건전한 상태, 존재 전 영역의 꽃피움"을 의미한다.1)

이슬람교도 정의와 평화에 대한 유사한 개념을 갖고 있다. 예일 신학교 신학자 아미르 아크라미Amir Akrami는 **살람**Salaam이란 평화, 건강, 온전함을 의미한다고 말한다. 아랍 사람들은 살람을 사용해 상대에게 평화와 온전함이 있기를 기원하며 **'앗살라 알라이쿰'**이라 인사한다. 아랍어인 **아달라**adala는 정의와 유사한 개념으로 코람 경전에서 "만물을 옳은 상태로 두는 것, 즉 본래 있어야 하는 자리에 두는 것"을 의미한다.2)

원주민이 전통적으로 생각하는 정의와 공정의 의미도 이와 비슷하다. 서아메리카 원주민 부족이 영적 의식을 치를 때 돌로 원형을 만드는 메디슨 휠medicine wheel은 조화와 연결, 모든 생명체의 평화로운 상호작용을 의미한다. 무스킴 부족이 사용하는 **나마윳**namwayut이란 표현은 "우리는 모두 하나"를 뜻하며 균형과 조화를 이루며 살아가는 삶을 강조한다. 우리가 **나마윳**의 정신으로 살아갈 때 사람은 서로 의존하는 존재임을 인식하며 건강한 관계를 맺으려 노력하고, 화해가 정의를 이루는 과정임을 배워 간다.

나바호 부족의 대법원장인 로버트 야찌 박사Dr. Robert Yazzie는 정의를 수평적 정의와 수직적 정의로 구분한다. 수직적 정의에서 가해자와 피해자는 분리되고 만나지 않는다. 누군가 이기고 상대방은 질 때 정의가 이루어진다고 여긴다. 한편, 수평적 정의에서 공정이 의미하는 바는 원과 같다. 어느 한 사람도 다른 사람보다 중요하지 않다. 정의로 인해 옳고 그름이 판가름 나기보다 온전함과 치유를 경험한다. 누구를 잘못했다 판단하는 일보다 사람을 돕는 일을 우선시 한다. 공동체 모든 사람이 피해와 정의를 회복하는 일에 책임을 진다.3)

이러한 전통에서 평화는 정의와 깊은 연관이 있다. 범죄학자 엘리자베스 엘리엇Elizabeth Elliott은 "평화롭고 안전하고 정의로운 사회는 내면이 평화롭고 이웃과 평화로운 관계를 맺는 개인으로부터 시작한다"고 말한다.4) 모든 사람과 조화를 이루는 평화 없이는 진정한 정의를 이룰 수 없다. 역으로, 정의 없이는 평화를 이룰 수 없다. 물리학자이자 평화 운동가인 어슬라 프랭클린Ursula Franklin은 평화는 두려움이 없는 상태이며, 억압 상태에서 해방되어 타자를 두려워 하지 않는 세상을 창조하는 것'이라 말한다.[5] 따라서 회복적 교육을 통해 일구어가는 평화는 정의를 그 핵심 요소로 한다.

잠시 정의, 공정, 온전함이란 단어를 떠올려보자. 이에 대한 생각을 형성하게 한 나의 영적, 윤리적 토대는 무엇인가? 회복적 교육이 말하는 정의, 공정, 온전함이 나의 영적·윤리적 토대와 얼마나 일치하는가?

캐롤린 보이즈왓슨과 케이 프라니스는 '정의란 법이나 행동이 아니라 관계에 관한 것'이라 말한다. 또, 사람은 내면에 정의와 공정을 감지할 수 있는 큰 능력을 갖고 있다 말한다. "관계에서 불의함을 느낄 때 우리는 화, 분, 불신, 모욕감을 느끼고 불의나 불균형을 바로 잡기 위해 행동을 취한다. 반대로, 관계에서 정의롭다 느낄 때 조화, 평화, 안정감, 만족을 느낀다."[6]

공정

공정equity은 형평 즉 치우치지 않음을 의미한다. 공정은 평등equality과 엄연히 다르다. 평등의 관점에서는 모든 사람이 같은 대우를 받고, 같은 양으로 분배를 받는다. 한편 공정의 관점에서는 결과가 같아지는 것이 중요하다. 공정은 모든 존재의 행복과 안녕을 위해 욕구가 충족되는 것을 의미한다. 보통 공정함을 생각할 때 모두를 똑같이 대우하는 것으로 생각한다. 따라서 모두가 같은 선상에서 출발하면 공정의 문제가 해결된다 생각하지만 실제로는 그렇지 않다.

평등과 공정의 중요한 차이점은 학교 현장의 무관용정책을 살펴보면 잘 알 수 있다. 1990년대 초반 무관용정책을 시행할 때 모든 학생이 똑같이 처벌받기 때문에 이전의 어떤 훈육 방침보다 공정할 거라 주장했다. 예를 들어 두 학생이 주먹다짐을 했을 때 무관용정책에 따라 이유를 불문하고 두 학생 다 10일 정학 처분을 받았다. 행동에 따른 처벌을 미리 규정해 처벌로 인해 차별받는 상황이 없을 거라 예상했다.

예상과는 달리, 무관용정책 시행은 학교를 안전한 공간으로 만드는 데 실패했을 뿐 아니라 처벌로 인해 차별이 극대화됐다는 연구결과가 발표됐다.[7] 무관용정책 시행 후 유색인종, 장애, 저소득가정, 성소수자 학생이 처벌 받는 비율이 높아졌다. 학생 행동에 직접적으로 영향을 미치는 따돌림, 학업실패, 트라우마, 인종차별과 같은 요소를 고려하지 않고 모두에게 똑같이 무관용정책을 실행했기 때문이다.[8] 불의한 사회구조 때문에 생기는 학생의 필요를 간과해, 다수 학생이 공정하게 대우받지 못했다. 무관용정책이 평등을 실현하는 훈육이라 믿었지만 기계적인 접근 방식은 처벌을 받는 행동과 학생이 겪고 있는 삶의 정황과의 연관성을 단절시켰다.

평등과 달리 공정의 관점으로 세상을 볼 때 다음과 같은 질문을 할 수 있다. "사람이 안전하고 행복하려면 필요한 것은 무엇인가?"

앞에서 예로 든 주먹다짐을 한 두 학생의 상황을 다시 생각해 보자. 두 아이가 싸움을 하게 된 원인은 다를 것이다. 한 명은 식당에 오기 전에 성적 때문에 기분이 나빴다고 가정해 보자. 다른 한 명은 아침에 상대에게 괴롭힘을 당하고 이에 대한 반응으로 싸움을 했다고 하자. 이론적으로 둘 모두에게 내린 10일 정학 처벌은 평등하다 볼 수 있으나 실제로 평등하지 않으며 싸움을 하게 된 근본적인 원인은 다뤄지지 않았다. 더불어 싸움으로 인해 영향을 받은 다른 학생과 교사의 욕구 역시 전혀 돌보아지지 않았다.

공정이라는 단어를 잠시 생각해 보았으면 한다. 학생이 "불공정해요"라고 말할 때 다른 사람은 가진 것을 본인은 못 가졌다고 말하는 경우가 대부분이다. 평등의 문제를 말하고 있다. 이 대신, 모든 존재의 행복과 안녕을 보장하는 공정한 공간을 어떻게 만들 수 있을까?

우리는 본인에게 공정하다고 여겨지는 일이 다른 사람에게도 그럴 것이라 가정하는 경향이 있다. 사람마다 공정하다고 느끼는 기준이 달라 이런 문제가 생긴다. 따라서 누군가 "공정하지 않아"라고 말할 때, 존중을 바탕으로 대화하며 정의에 대한 서로의 개념

을 이해해야 한다. "상대가 불공정하다고 이야기하는 경험은 무엇인가?" 상대와 같은 관점을 가질 필요는 없지만 상대의 불편함을 다루려면 적어도 상대를 이해하는 과정이 필요하다.

정의와 공정에 초점을 맞춰 회복적 교육을 실천하는 학교 현장에서는 학교 구성원이 바라지 않는 행동을 할 때 숨어 있는 욕구를 발견하고 이를 이해하는 공간을 마련한다. 앞에서 예로 든 주먹다짐을 한 두 학생이 정의와 공정에 초점을 맞춘 학교 환경에 있었다면 싸움을 하지 않았을 수 있다. 학업에 어려움을 겪는 학생에게 학습 지원이 이루어지고, 괴롭힘을 당한 학생은 피해를 말할 수 있는 환경이었다면 어땠을까? 싸움이 일어나기 전에 충족되지 않은 욕구를 돌볼 수 있는 환경이었다면 어땠을까?

다음으로 학교에서 회복적 교육을 통해 어떻게 정의롭고 공정한 환경을 촉진할 수 있는지 살펴보겠다.

회복적 교육으로 정의와 공정의 문제 다루기

회복적 교육을 통해 학교에서 불의와 불공정의 문제를 다루는 세 가지 단계를 소개하고자 한다. 사실 학교는 정의와 공정의 문제를 다루려고 오래 전부터 노력해왔다. 최근 전국국어교사협의회는 교사 준비 과정에 사회 정의와 공정에 관한 내용을 포함해야 한다고 강조했다.[9] 린다 크리스텐슨이 쓴 책 『쓰기·읽기로 가르치는 사회적 정의와 글쓰기의 힘 *Reading, Writing, and Rising Up: Teaching about Social Justice and the Power of the Written Word*』은 교육과정에 사회정의에 대한 내용을 실어 가르치는 것의 중요성을 강조한다. 『학교를 다시 생각하며 정의를 배우다 *Rethinking Schools and Learning for Justice*』와 같은 책은 교육자는 보다 사회정의에 입각한 교육학을 실천하고 정의롭고 공정한 학교 환경을 만들어 가야함을 강조한다.

회복적 교육의 핵심가치는 존중, 존엄성, 상호 책임이다. 4장을 읽으며 소속한 학교에서 관계, 방침, 학교생활 면에서 회복적 교육의 핵심가치와 연결되는 부분은 무엇인지 연관지어보자.

정의롭고 공정한 관계 촉진하기

회복적 교육의 뼈대는 관계에 있으며 학교에서 맺는 관계는 정의와 공정에 기반한다. 회복적 정의 프로그램은 인종, 문화적 배경, 종교, 국적, 장애여부, 양육자의 소득수준, 언어, 체형, 젠더, 성적지향성에 관계 없이 모든 사람을 가치 있고 존엄한 존재로 대한다. 서클에서 모든 사람은 자신의 경험을 말할 기회를 가진다. 서클에서 어떤 사람도 다른 사람보다 중요하지 않으며 모든 사람의 관점을 존중한다. 피해가 발생했을 때 진행하는 회복적 대화 모임에서는 피해를 입은 모든 사람의 욕구를 돌보고, 참여한 모든 이들의 존엄성과 가치를 존중한다. 피해를 준 사람은 피해에 대한 책임을 지며 가능하다면 피해를 치유하는 과정에 기여한다.

우리는 회복적 정의를 실천하는 공간에서 경청을 경험한다. 회복적 정신을 학교에서 실천할 때 덜 구조화된 방식으로 경청하는 공간이 만들어지기도 한다. 서클진행자 케이 프라니스는 "정의는 똑같아지는 게 아니라 나아지는 것을 의미한다"고 말했다. 비록 덜 구조화됐을지라도 경청을 통해 학생은 학교에서 치유를 경험한다. 특히 학교에서 소외되거나 피해를 경험한 학생일수록 그렇다. 특정한 학생 뿐 아니라 모든 학생이 방과 후나 일과 중, 지지를 받으며 자신의 삶에서 중요한 것이 무엇인지 이야기를 할 수 있는 시간이 있어야 한다. 이야기를 들어주는 것만으로 아이와 관계성이 맺어지며 이는 교사의 수업에도 긍정적인 영향을 미친다.

드러나지 않은 욕구 다루기

우리는 욕구를 돌볼 때 정의롭고 공정한 결과를 기대할 수 있다. 범죄학자 데니스 설리반Dennis Sullivan과 래리 티프트Larry Tiff는 "사람은 욕구를 존중하고, 표현하고, 듣고, 돌보며 충족할 때 자신의 잠재력을 충분히 발휘할 수 있을 뿐 아니라 모든 사람의 존재적 행복과 안녕에 기여할 수 있다"[10]고 말한다. 회복적 교육은 공동체 모든 사람의 욕구를 다루는 것을 핵심 원리로 한다. 모든 사람의 욕구가 충족될 수 없을 때에도 모두의 욕구를 인정하고 존중하는 방식을 찾는다. 욕구를 존중해야 한다.

아브라함 마슬로우Abraham Maslow와 칼 로저스는Carl Rogers는 보편적 핵심 욕구를 다음과 같이 말한다. 이 보편적 핵심욕구는 사람에게 동기를 부여한다.

1. **자율성** : 스스로 자신의 삶을 지휘할 수 있다는 지각
2. **소속감** : 자신이 받아들여지고 가치 있게 여겨지고 존중받는다는 확신
3. **자신감** : 자신에게 역량이 있다는 확신[11]

하워드 제어가 제시하는 존재적 행복과 안녕의 기반이 되고 회복적 정의의 핵심이 되는 세 가지 핵심 욕구도 이와 비슷하다.

1. **자율성** : 스스로 통제할 수 있고 힘을 가진 존재라는 지각
2. **질서** : 우리가 살아가는 세상과 세상이 작동되는 원리에 대한 신뢰
3. **관계성** : 안정된 관계에서 오는 연결감

제어는 사람이 핵심 욕구를 충족할 수 없을 때 "다른 사람을 지배하며 **자율성**을 얻을 수 있는 세계를 만들고, 폭력과 무력에 기반한 **질서**로 그 세계를 유지하며, 그 세계에 속한 사람들과 어울리나 신뢰 없는 **관계**를 맺는다"고 말한다.[12] 예를 들어, 친구가 없어 소속감이 없는 학생이 교칙을 계속 지키지 않는 상황을 가정해 보자. 교칙을 어기는 이면에 소속감과 관심이라는 드러나지 않은 욕구가 있을 수 있다. 이 경우 행동의 원인은 살피지 않고 학생의 행동만을 다루려 하면 문제는 더 나빠지기 마련이다.

회복적 교육은 드러나지 않은 욕구를 다룬다. 자율성의 욕구가 중요한 한 학생을 떠올려 보자. 회복적 교육을 실천하는 학교에서는 합의하여 의사결정을 하고 **지배하는 힘**이 아닌 **공유하는 힘**을 중요시 한다.5장에서 보다 자세히 다룬다 회복적 교육은 사람에게 좋은 의사결정을 할 수 있는 능력이 있다 믿는다. 따라서 때로는 적절한 지도가 필요할 때도 있지만, 학생이 행동, 학업, 미래에 대한 결정을 할 때 스스로 의사결정을 할 수 있도록 독려 해야 한다.

회복적 교육은 학생의 배움에 대한 욕구를 존중하고 모든 학생의 능동적 참여를 이끌어내는 교수법을 중시한다. 파울로 프레리Paulo Freire의 업적을 따라 교육자는 학생을 교사의 지식을 받는 수동적 존재로 여기는 주입식 교육 방법에 저항한다. 모든 학생의 사전지식과 이전 경험을 배움의 소중한 자원으로 여긴다.[13] 배움은

근접발달영역 내에서 이뤄져야 하며[14] 교수법은 내용, 과정, 결과, 효과, 환경에 따라 다양화해야 한다.[15] 모든 학생이 배움의 공간에 기여할 수 있고 학생 개개인마다 다른 사회적,정서적, 학습적 필요가 있다 믿는다.

불의를 명시적으로 밝히기

많은 학교에서 구성원이 다양해짐에 따라 다문화적 소양을 갖춰야 하는 필요성에 대한 인식이 커지고 있다.[16] 하지만 안타깝게도 이를 촉진하기 위한 문화적 역량강화, 상호문화교류, 다문화교육이 의복, 춤, 음식문화를 공유하는 데 그친다. 이마저도 연간계획의 특정 주간이나 특정교과내용에 한정돼 있다. 폴 고스Paul Gorski와 케티 스왈웰Katy Swalwell은 "현행 다문화 교육이 공정의 문제를 피하거나 적당히 덮어두려 한다"고 지적한다.[17]

학교에서 비주류문화를 배경으로 가진 학생이 일상에서 겪는 차별과 소외를 다뤄야 학교가 다양성을 환영하고 가치 있게 여긴다 말할 수 있다. 지난 40년 간 통계를 통해 백인학생과 비백인학생이 받는 처벌의 비율차를 책의 앞부분에서 언급한 바 있다. 심지어 학생중심 훈육정책을 펼칠지라도 교육과정과 생활교육에 잠재한 비주류 문화에 대한 편견을 다루는 데 실패하고 있다. 대학 진학과 직결되는 상급 수업에서 인종 간 비율 차이가 드러난다. 바로, 백인

학생이 비백인 학생에 비해 더 많은 비율을 차지한다.[18]

학교와 교실에서 의도하지 않은 인종 차별이 존재할 때 학생들은 단절, 소외를 느끼며 저항감이 생긴다. 회복적 교육은

- 취약집단을 돌보고
- 소외된 집단을 통합하고
- 개인의 존엄성과 인간다움을 교육환경에서 중시하며
- 모든 사람의 욕구를 돌보고 충족하는

정의와 공정의 공간을 창조하는 것을 우선시한다.[19]

회복적 교육을 실천하는 학교에서는 보이지 않는 편견과 차별의 문제를 다루는 구체적인 방법이 있다.[20]

구체적인 방법

4장을 시작할 때 제시한 성찰질문에 답할 때 정의와 공정을 생각할 때 떠올렸던 단어나 그림을 기억해보자. 4장을 읽어가며 그 단어나 그림이 바뀌지 않았는가? 우리가 정의와 공정과 관련하여 갖고 있는 형상은 학교에서 의사결정을 할 때 영향을 미친다. 더욱 정의롭고 공정한 학교 문화를 만들어 가려는 열망은 실천으로 나

타나는데 그 두 가지 구체적인 방법은 다음과 같다.

문화적 통합 교육론

교육과정과 교수법을 결정할 때 정의와 공정에 기반할 수 있는 방법을 생각해 보자. 앞서 언급했듯이 교육자가 활용할 수 있는 문화적 통합 교육론을 위한 수많은 자료가 있다.[21] 회복적 교육 실천 학교에서는 문화적 배경, 언어, 젠더, 성적 지향, 가정 경제 형편, 장애 여부에 관계없이 모든 구성원을 존중할 수 있는 교육과정을 채택한다. 그 실천적 예는 다음과 같다.[22]

- 다양한 배경을 가진 저자들이 쓴 교과서를 선택해 경험의 폭을 넓힌다.
- 아동 청소년 문학이 학교에 소속된 학생들이 가진 다양성을 대변하고 문학 속 인물이 실제 학생들의 외모와 말하는 방식, 삶의 방식과 비슷한지 살핀다.
- 역사 자료를 선택할 때 주목받지 못했던 피해집단의 피해 뿐 아니라 사회 변화를 위한 정치적 행동을 강조한 것을 선택한다.
- 유럽에서 태어나고 자란 백인 작가가 아닌 다른 배경의 작가가 쓴 글도 포함한 문화작품을 배운다.

학습 및 수업자료 외에도 정의와 공정에 대한 문제에 민감한 수업 환경을 조성한다. 때로는 교사와 관리자의 경험과 학생들의 경험 차를 간과할 때가 있다. 다음 예를 생각해 보자.

- 수학과 과학시간에 사용하는 **모의 문제**를 살펴 본다. 모든 학생의 실제 경험과 관련이 있는지 아니면 주류의 관점에만 해당하는지 살펴본다. 과학교사는 과학, 기술, 공학, 수학 통합 분야에서 여성이 이뤄 낸 성과 중에서 인종 간 차이는 없는지 꼼꼼하게 살펴 본다.
- **교사가 사용하는 언어**를 점검해본다. 얼마나 많은 교사가 수업 중 결혼과 가족관계에 관해 말할 때 친척과 살거나, 엄마만 둘이거나 양부모와 살고 있는 아이를 고려한 언어를 사용하고 있는가? 버지니아의 한 교사는 부모라는 단어 대신 양육자라는 표현 즉, 다양한 가족의 형태를 포괄할 수 있는 통합적인 언어를 사용한다.
- 종교적 다양성과 관련하여 **공정의 문제**를 생각해본다. 특정한 종교의 기념일만 축하하기보다 모든 학생이 지키는 기념일을 축하한다. 크리스마스에 트리를 장식하고 캐롤을 부를 때, 앞에 예로 들었던 칼리와 같은 다른 문화적 배경을 가

많은 회복적 교육 실천가가 학생들의 서클 진행을 지원한다. 특수한 상황에 있는 학교에서 학생들이 회복적 교육 활동에 보다 적극적으로 참여할 수 있도록 내가 할 수 있는 일은?

진 학생들이 자신의 명절 전통 문화를 나누는 기회로 삼을 수 있다. 회복적 교육을 실천하는 교사는 겨울에 교실 꾸미기를 할때 크리스마스 장식과 함께 다른 전통 문화로 교실을 꾸민 후 아이들과 둥그렇게 앉아 다양한 명절문화에 관한 이야기를 할 수 있다.

공동체 모두의 전적 참여

학교와 교실에서 정의와 공정을 실천하는 방법은 학교 행사와 활동에 모든 학교 구성원이 참여하는 것이다. 소외 학생은 교육활동에서 대부분 고등학교 재학 중에 대학 수준의 수업을 받고 학점 취득이 인정되는 과정인 AP 수업을 듣는 대신 보충수업을 듣는 경우가 많다. 학교를 다니며 성취를 이루기보다 학교를 그만 둘 확률이 높다. 학교가 이에 대응할 수 있는 구체적인 방법은 내부 공정성 internal equity audit 문서를 기록해 이에 기반한 정의와 공정을 증진하는 정책을 만드는 것이다.

회복적 교육은 특수교육 지원이 필요한 학생들이 특수교육을 받을 수 있도록 기여할 수 있다. 연구에 따르면 특수교육 지원을 받는 학생이 정학이나 퇴학을 받는 비율이 그렇지 않은 학생보다 높았다. 리일라 피터슨Leila Peterson23)과 줄리 카메라타Julie Camerata24)는 특수교육 지원을 받는 학생들이 배제적 처벌을 받는 비율을 줄이고 학교의 필요를 고려한 회복적 교육과 특수교육을 통합한 모델을 제시한다. 추가로, 피터슨과 카메라타는 특수교육지원을 받는 학생들이 해마다 개별화교육 회의에 전적으로 참여하여 본인들의 필요를 개별화교육에 반영할 수 있도록 지원하고 있다.[25)]

회복적 교육 안에서 공정한 참여는 학생만을 의미하지 않는다. 회의를 진행할 때 의사결정에 영향을 미치는 모든 사람들이 참여해 목소리를 낼 수 있는 공간을 창조한다. 학교식당이나 관리 직원이 참여해 학교 의사결정에 영향을 미칠 수 있다. 교육과정과 교수법을 결정하는 자리에 교사를 초대한다. 학부모, 학생의 양육자와 가족을 배움 공동체의 중요한 구성원으로 여기고 의사결정 자리에 초대한다.

요약

회복적 교육은 사람의 가치와 존재적 행복과 안녕, 관계에 초점을 맞춘다. 이는 의도적으로 개인주의에서 정의와 공정에 기반한 상호연관성으로 나아간다.

5장 • 건강한 관계로 성장하기

〈성찰 질문 및 활동〉 3~5분 동안 오늘 하루 내가 만난 사람, 내 하루에 영향을 준 사람과의 관계 지형도를 단어나 그림을 사용해 그려 본다. 지형도 중앙에 나를 넣고 학교 일상에서 내게 직접적으로 영향을 주는 사람과의 연결망을 그린다. 빈 공간에 내 일터와 삶과 연결된 장소를 모두 적는다. 사람들, 장소와 관련된 나의 감정을 각각 한 두 단어로 적어 본다.

학교에서 맺는 관계는 수적으로 압도적일 뿐 아니라 매우 복잡하다. 회복적 교육의 신념과 가치에 따라 교육하면 관계가 학교문화와 학생의 학습뿐 아니라 모든 영역에 핵심임을 깨닫게 된다. 또한 건강한 관계 성장이 정의롭고 공정한 배움 환경과 피해와 갈등을 다루는 데 필수 요소임을 알게 된다.

다음 세 이야기는 실제적인 대인관계에서부터 보이지 않는 사회적 관계까지 우리가 가꿔야 할 관계의 광범위함을 보여준다.

● 시몬은 학부모로 자녀의 특수 교육 지원을 받기 위해 학교 관계

자와 하는 회의에 가는 게 두렵다. 그녀의 두 자녀는 학습 장애가 있어 일반 학급 수업 목표를 달성하기 어렵다. 시몬은 상담교사, 특수 교사, 학교 심리학자, 학교 행정가와 회의할 때면 의기소침해진다. 회의에서 그들은 시몬에게 어떤 것이 가장 좋냐고 질문하지만 그녀는 이 질문을 받는 게 달갑지 않다. 결국 시몬의 의견을 중요하게 여기지 않으면서 왜 계속 묻는지 모르겠다. 회의 전 개별화 교육 계획서를 미리 인쇄해 놓고 그녀에게 요구하는 것은 서명뿐이다. 오늘은 회의 전 행정가가 전화 해, 다른 방식으로 회의를 진행하고 개별화 교육 계획을 작성할 거라 말했다. 시몬에게 원한다면 친구나 친척을 데려와도 좋다고 했다. 과연 오늘은 다를까? 시몬은 오늘 회의가 어떻게 진행될 지 알 수 없지만 그녀의 절친이자 두 아이의 대모인 알릭스가 동행해 기쁘다.

- 켄 교사는 수학 교육과정에 숨겨진 의미를 찾는 데 관심이 많다. 세계금융이 개인과 사회 안녕에 미치는 영향을 어떻게 가르치면 좋을지 고심하던 중에 자신이 가르칠 문제해결 활동이 소비자로서 개인이 가질 수 있는 위력은 거듭 강조하지만, 극빈층 문제는 간과한다는 사실을 발견한다. 켄 교사는 모든 사람들의 가치와 상호연결성을 드러낼 수 있도록 학습활동을 재구성한다.
- 1학년 트레버는 수업에 가기 전 지각하는 학생이 지각한 이유를 써서 제출해야 하는 종이를 가지러 행정실에 들린다. 까치발을 들

어 탁자에 놓인 종을 누른 후 행정실 직원이 나와 용건을 물을 때까지 조용히 기다린다. 행정실 직원은 트레버를 보며 탁자가 1학년 아이에게 너무 높은 것을 알게 됐다. 그는 행정실이 아동친화적 공간이 될 수 있도록 가구를 재배치해야 겠다는 생각을 하며 즐거워진다.

교육 현장의 어려움

건강한 관계를 가꾸고 유지하는 방법을 학교에서 교과목으로 가르치지 않는다. 때때로 보건교육에서 관계가 무엇인지 배우거나 수업 중 싸움이나 언쟁이 생겼을 때 교과내용과 관계없이 교사가 교육하는 게 전부다. 이와 마찬가지로 관악기를 연주하거나 달리기를 할 때나 운동 후 마무리 운동을 할 때 말고는 학교에서 숨을 쉬는 법을 배우지 않는다. 그러나 코로나 대유행 후 숨 쉬기와 관계는 교육의 관심분야가 되었다.

2016년 발간한 초판에서 우리는 교육현장의 어려움을 단절, 고립감, 소속감의 부재라 말했다. 숨쉬듯 자연스러워야 하는 관계가 힘든 노동, 고통, 피상적인 것이 됐다. 우리가 선천적으로 타고난 소속감이라는 욕구를 존중하지 않았기 때문이다. 그 결과 불안, 마음에 온 질병 진단률, 인간관계와 사회관계에서 오는 갈등, 학생 정학 및 퇴학률, 고등학생 학업중단률, 교사 퇴직률이 높아졌다. 이 문제의 심각성을 인지한 교육자들이 문제를 해결하려 노력해왔다. 최근 연구에서 다양한 사회문화적 배경에서 많은 아동과 청소년이 부모, 교사, 양육자와 신뢰 및 애착에서 어려움을 겪는다고 밝혔다. 대개 바쁜 일상에 침몰되거나 자아와 연결되지 못한 양육자는 아이와 신뢰와 애착관계를 맺지 못한다. 좋은 의도를 갖고 있어도 아이의 욕구를 돌볼 수 있는 지식과 방법을 몰라 자녀와의 관계가 멀어지거나, 자녀와의 관계에 지나치게 몰두한다.[1)]

코로나 대유행은 우리에게 '숨을 쉰다는 것'의 깊은 의미를 성찰하게 했다. 폐에 바이러스가 침투하거나 여름철 지구촌을 뒤덮은 화재 연기로 숨을 잃었다. 한 흑인 남성의 숨은 경찰에게 목이 짓밟혀 멈췄고, 전쟁으로 수만 명의 숨이 끊겼다. 이 시기에 물리적인 '숨쉬기 위협'을 넘어, 불안, 갈등, 독성 스트레스 역시 폭발적으로 증가했다. 지금 교육계는 물리적 현실, 사회적 공간, 관계적 관계 안에서 '숨을 쉬기' 위해 무엇이 필요한지 주목할 수밖에 없다. 지금까지 우리가 당연히 여겼던 조건이 작동하지 않는 시대에 살고 있다. 많은 사람이 희망찬 미래를 감히 꿈꾸지 않는다.

회복적 교육이 이에 대한 완벽한 해답이 될 수 없다는 것을 안다. 하지만 물리적으로 숨쉬기 어렵게 하는 위협과 정의로운 관계를 세우는 데 우리의 능력을 억압하는 것을 밝히고 회복하는 일을 할 수 있다. 회복적 교육의 핵심은 애착과 소속감에 기반한 건강한 관계이다. 우리는 성공과 부는 철저히 개인의 능력에 기인한다는 세상의 방식을 배워왔다. 회복적 교육은 이 세계관을 전면에서 도전한다. 회복적 교육의 방식과 세계관은 개별성이 아닌 상호의존성과 연결성을 강조한다. 획일화된 평가와 경쟁을 강조하는 교육이 아니라 생산성과 관계없이 모든 존재를 존중하며 협력하고 협동하는 교육이다.

모두의 경험을 중시하며 호혜와 상호의존에 뿌리내린 좋은 관계를 배우는 것이 회복적 교육의 핵심이다.

회복적 교육은 단절사회에 큰 의미를 준다. 건강한 소속감과 애착을 바탕으로 한 관계는 사람의 존재적 행복과 안녕에 절대적인 요소이다. 회복적 교육은 개별성이 아니라 상호의존성을 강조한다. 상호의존성은 서로에게 도움이 되는 관계를 의미한다. 서로 도움이 되는 관계를 구성하는 것이 무엇인지 살펴보자.

건강한 관계의 필수 요소

사람들이 서로 존중하며 의사소통을 하고, 개인 및 공동체의 욕구를 돌보기 위해 힘을 공유할 때 관계는 건강해 진다. 서로 주고받는 말이 존엄성과 안녕에 영향을 준다는 사실을 인지하면 존중하며 의사소통할 수 있다. 존중하기 힘든 상황에서도 이를 기억하면 최선을 다해 존중하며 대화할 수 있다. 또한 존중하는 의사소통은 자신이 지위에 따르는 힘을 인식할 때 가능하다. 원래 힘이란 좋거나 나쁘지 않고 중립적이다. 힘을 어떻게 사용하는지에 따라 관계의 건강함이 결정된다.[2] 상대방과 힘을 공유하지 않고 자신만을 위해 힘을 사용하면 건강하지 않은 관계가 된다. 상대가 자신의 성공과 안녕을 위한 도구로 전락하기 때문이다. 3장에서 소개한 '상대를 존귀하게 여기는가? 평가하고 있지 않은가? 어떤 의도를 전달하고 있는가?' 질문은 관계에서 힘이 미치는 영향을 성찰하는 데 도움이 된다. 내가 다른 사람을 평가하고 있다면, 상대와 나 사이에 힘의 불균형이 있으며 우리 중 한명은 상대에게 **힘을 지배하고** 있을 수 있다. 내가 다른 사람을 존귀하게 대하고 있다면 '당신과 기꺼이 힘을 공유하겠다'는 의도를 전달하는 것이다. 이처럼 힘을 의식하며 의사소통하고 상대에게 전달하고자 하는 의도를 고려하면 힘의 불균형이 생길 때 알아차릴 수 있다.

교육기관은 지금까지 수직적 질서를 유지해왔다. 따라서 학교 구성원들은 힘의 불균형을 경험한다. 지배하는 힘을 상대가 알 수 있게 행사하거나 은밀하게 행사한다. 아니면, 더 힘 있는 존재에 무조건적으로 순종하며 자신의 존엄성을 부정한다. 우리의 모든 행동은 상대방에게 영향을 미치기 때문에 회복적 교육은 힘을 존재적 행복과 안녕을 높이는 데 쓴다. 관계 매트릭스[3] 표5-1은 이를 보여준다.

표5-1. 관계 매트릭스 (힘의 지배/힘의 공유)

높음 ↑ 존재에 대한 기대 ↓

~까지 사람은 관리해야 하는 대상 **조건적 수용** **힘의 지배**	**~함께** 사람은 존중해야 하는 주체적 존재 **무조건적 수용** **힘의 공유**
~아닌 사람은 무시할 수 있는 대상 **무시와 거절** **힘의 지배**	**~위한** 사람은 욕구를 가진 대상 **조건적 수용** **힘의 지배**

낮음 ← 존재에 대한 지원 → 높음

관계 매트릭스는 **존엄성**과 **상호연관성**을 기반으로 한다. 상대를 향한 지원가로축과 기대세로축에 따라 힘이 어떻게 사용되는지 나타낸다. 공동체 관계 내 지원와 기대가 높을 때, 공동체 구성원 모두는 힘을 건강하고 의미있게 사용하며 그 결과 구성원 모두가 활발하게 상호작용을 한다. 그러나 힘의 균형이 깨지거나, 목표한 바를 이루기 위한 수단으로 힘을 사용할 때, 힘은 관계를 파괴한다.

소속감은 사람의 보편적 욕구이다. 소속감을 느끼려 필요한 일을 하면 경쟁이 발생할 때가 있다. 통제력을 잃은 경우 사람은 통제하고 싶어 하거나, 자신을 수용하는 존재를 찾거나, 수용 자체를 포기한다. 힘을 가진 사람은 힘을 유지하려고 수단과 방법을 가리지 않는다. 이와 같이 지배하는 힘이 있는 관계는 한 사람만 힘을 행사하거나power to, 한 사람만을 위해 힘을 사용하거나power for 그 누구도 자신이 가진 잠재적 힘을 사용하지 않는다.not power

관계 매트릭스를 통해 지금 자신이 다른 사람과 관계를 어떻게 맺고 있는지 알 수 있다. 관계를 새롭게 시작하거나 관계에 갈등이 생길 때 매트릭스를 통해 지원과 기대 중 어떤 부분이 부족한지 알아차릴 수 있다. 균형 잡힌 지원과 기대가 있으면 관계의 결속력은 강해진다. 균형 있는 관계에서는 서로를 존중과 존엄성으로 대하며, 둘의 관계는 상호적이다. 그러나 관계에서 균형이 무너지면 자신의 이익을 얻으려 상대방을 대상화할 수 있다.

관계 매트릭스 적용하기

어떻게 관계 매트릭스를 교육에 적용할 수 있을까? 다음 예를 살펴보자.

- ~함께 : 4학년 담당교사 크리스는 교육자로서 자신이 가진 힘을

잘 알고 있다. 자신이 학생과 동료, 학부모의 자존감을 높이거나 떨어트릴 수 있음을 알고 있다. 회복적 교육을 실천하는 교사로서 크리스는 아이들에게 주는 지원과 거는 기대가 높다. 학생과 힘을 **나누기에** 가르침과 배움이 상호적이다. 수업 중 학생들이 과제에 집중하지 못할 때 원인을 알 수 없으면 둥그렇게 앉아 토킹피스를 갖고 이야기하는 서클을 진행한다. 서클에서 수업에 집중하기 어려운 이유를 돌아가며 이야기를 한다. 아이들은 과제가 3학년 때 배운 내용과 비슷해 흥미가 없다고 이야기한다. 서클에서 아이들의 생각을 듣고, 크리스는 "어떻게 이 문제를 해결하면 좋을까?"라고 질문한다. 서클 후 크리스는 아이들과 함께 계획을 세우고 단원을 수정했다. 상황에 유연하게 대처하는 데 열려 있고, 아이들을 성장하는 인격체로 **존중**했기에, 통제하기보다 참여하는 공간을 만들었다. 아이들은 배움의 공간에서 협력하고 지원하며 책임을 다했다.

- **~까지** : 크리스는 아이들에게 힘을 행사했던 불편한 기억이 있다. 지난 주 과제를 못한 학생 둘에게 쉬는 시간 동안 과제를 다 마치라 말하고, 교무실로 가 커피를 마셨다. 쉬는 시간 동안 아이들이 과제를 다 못했지만 왜 못했는지 묻는 일도 피곤하고 짜증이 나 아무말도 하지 않았다. 대신, 모두 앞에서 보상판을 꺼내 과제를 다 한 학생에게 스티커를 붙여줬다. 어쩌면 어려워 과제를 못했을 두

아이를 창피하게 했다. 두 경우 모두, 아이를 지원하고 싶은 마음보다 아이에게 거는 기대가 컸다. 교사는 아이들의 행동을 **통제**하고 싶은 마음과 싸워야 한다. 아이들이 자신의 말에 순응할 때 자신이 유능하게 느껴지기 때문이다. 아이들이 사람이 아니라 프로그램에 따라 행동하는 로봇이라면 가르치는 일은 훨씬 쉬울 거라 생각한다.

- **~위한** : 크리스가 학생에게 많은 지원을 한 반면 기대는 별로 하지 않았던 때가 있다. 학부모가 사회적으로 유명할 경우, 학부모가 신경쓰여 아이의 필요를 봐주었다. 아이가 자주 학교에 늦거나 수업에 참여 하지 않아도 아이를 **위해** 최선을 다해 가르쳤다. 핑계댈 때에는 쉽게 넘어가 주었고 과제를 다 마칠 때까지 도와주었으며 다정하게 의사소통을 했다. 이제와 돌이켜보니, 아이에게 잘해주면 자신에게 돌아올 이익을 생각하며 아이를 친구처럼 대했던 것 같다. 자신의 행동을 정직하게 돌이켜 보면, 경제적으로 정부 보조금을 받는 가정이나 양육시설에서 자라는 아이에게는 그렇게까지 큰 인내심을 발휘하지 못했을 거라 생각한다.
- **~아닌** : 크리스는 학생들과 적극적으로 관계를 맺지 **않은** 적이 있었다. 어떤 해에는 매우 지치고 탈진해 출근하는 것조차도 힘들었다. 그 때 만났던 아이들이 별로 기억나지 않는다. 아이들을 지원하고 아이들에게 거는 기대가 적었다. 아이들이 책상에 앉아 단순

하게 할 수 있는 활동만 계획해 아이들이 활동하는 동안 의자에 앉아 쉴 수 있었다. 대부분의 힘을 탈진상태인 자신을 돌보는 데 써야 했다.

본인이 네 가지 경우에 해당했던 사례를 각각 생각해 본다. 새롭게 발견하게 된 것은?

크리스의 경험처럼 한 사람이 상황에 따라 네 가지 경우에 처할 수 있다. 이 예는 관계 매트릭스의 구체적인 상황을 보여주려고 단순화했기 때문에 실제 교육 현장은 크리스의 경우보다 훨씬 복잡하다. 또 실제 관계에는 변수가 많아 높은 기대와 지원으로 힘을 공유하는 일이 참 어렵다. 그러나 첫 번째 예에서 볼 수 있듯이 힘을 공유할 때 나타나는 아이들의 성장은 아름답다. 교사가 힘을 공유해 아이들은 자신감을 얻었다. 바로, 자신들의 관점이 중요하다는 것을 배웠다!

교육에서 건강한 관계

회복적 교육은 기본적으로 다른 사람이 아닌 자신을 변화하는 데 초점을 두기 때문에[4] 아동과 청소년의 행동변화 프로그램의 접근방식과 다르다. 교육의 주요 목표를 행동변화라 믿고 있는 교육자에게 자아의 변화에 집중하는 교육 목표는 새로울 수 있다. 그러나 모든 존재가 존귀하고 공동체가 연결되어 있다고 믿는 회복 교육가는 학생 행동을 관리하거나 통제하는 대신 학생이 참여할 수 있는 공간과 기회를 만들어 대화와 행동을 이끌어 내는 촉진자이다. 촉진의 방식으로 회복적 교육은 통제가 아닌 참여의 공간을 창조하는 데 주력한다.[5)]

변화의 시작은 나부터임을 기억하며, 교육자가 학교에서 맺는 관계의 범위를 나타낸 관계의 원표5-2을 살펴보자.[6)] 관계의 원은 교육자가 학교에서 맺는 관계의 범위를 나타낸다. 이 표에서 첫 번째 변화의 시작은 교사 자신임을 볼 수 있다. 회복적 교육을 실천하는 교사는 학교 공동체에서 모든 사람을 존귀하고 공동체에 기여하는 존재로 바라보고, 아동, 청소년, 소외계층에 속한 사람 모두를 존중하는 문화 변화를 지지한다. 이후 변화는 표5-2에서 보듯이 학생, 양육자, 교육 관계자, 학교가 관계를 맺는 공동체 구성원에게 퍼져간다.

관계의 원은 호수의 물결과 같다. 돌맹이 하나를 호수에 던지면 물결이 퍼져나가는 것처럼 나의 신념과 가치가 의식적이거나 무의식적으로 내가 맺는 모든 관계에 영향을 미친다. 내가 누군가와 사이가 좋지 않다면 나와

교실관리, 교실통제, 행동관리라는 용어를 사용하는 상황을 떠올려 본다. 이 용어가 의도하는 바는 무엇인가? 이 용어가 학생과 관계를 맺어 가는데 도움이 되는가? 학생을 통제하게 하는가?

상대의 평화뿐 아니라 다른 이들의 평화에도 영향을 준다. 관계에 파동이 일 때 우리가 믿는 바와 가치 있게 여기는 바를 다시 한번 생각하고 되새김한다. 진원지의 파동이 바깥 물결을 만들어 내듯 바깥 물결도 진원지에 영향을 미친다. 또, 파동은 관계 어느 곳에서도 일 수 있다. 이처럼 관계 속 개인은 주변에 영향을 주고 받는다.

표5-2. 관계의 원

나의 핵심 신념과 가치는 내가 **자아와 맺는** 관계에 영향을 미

친다. 핵심 신념과 가치가 자아와 잘 통합돼 있으면 다른 사람을 지원하고 다른 사람에게 기대를 하며 지낼 수 있다. 긍정적인 자아존중감과 자아상은 매우 중요하다. 그러나 자아존중감과 자아상이 모든 사람이 존귀하고 서로 연결되어 있다는 신념에 기초하지 않으면 개인주의나 자기중심주의에 빠진다. 이런 사람은 의미 있는 관계를 중요하게 여기지 않는다. 나 자신을 존귀한 존재로 바라보고 관계에 기여하는 존재라는 인식 속에서 상호연결성이 자란다. 우리 중 어떤 사람은 다양한 이유 때문에 자신을 긍정하기 보다 비하한다. 자기비하에 빠지면 적극적으로 참여하기를 꺼리거나 다른 사람을 무시하거나 스스로를 자랑하거나 남보다 자신을 낮게 여기며 다른 사람과 부정적인 상호작용을 맺어간다.

'우리 때문에 내가 존재한다'는 우분투 정신을 갖춘 사람은 마음이 열려 있고 다른 사람을 기꺼이 도우며 다른 사람의 생각을 인정한다. 다른 사람이 뛰어나고 유능하다고 해서 위기 의식을 느끼지 않는다. 이는 자신이 더 큰 집단에 속하는 일원일 뿐이며 다른 사람이 굴욕을 당하거나 홀대를 받을 때 자신도 마찬가지로 그런 일을 당하는 것과 같다는 점을 잘 알기 때문이다. 〈데스몬드 투투, 1999〉

다음으로, 교사가 교직원과 맺는 관계가 있다. 교직원이 서로를

대하는 방식은 학교 문화에 큰 영향을 준다. 교직원 간 진정성 있는 관계를 맺으면, 존중과 존엄성, 상호 책임을 바탕으로 하는 관계의 모범을 학생들이 볼 수 있다. 하지만 사람 안에 내재한 소속감의 욕구는 거절에 대한 두려움을 갖게 한다. 거절에 대한 두려움 때문에 동료를 지원하고 책임감을 불러 일으키는 일을 하기 쉽지 않다. 용기와 자신감, 어려움을 다루는 기술을 개발하면 어려움이 닥칠 때 피하지 않을 수 있다.

> 학교 경비원에게 시간을 내 인사하며 안부를 물으면 학교 문화에 어떤 변화가 생길까?

교사가 자아와 동료직원과 원만한 관계를 맺을 때 **아이들과** 맺는 관계는 훨씬 수월해진다. 교사라는 직업은 학생을 지도할 수 있는 권위가 있기 때문에 **힘을 남용**하기 쉽다. 자아, 동료와 동등한 위치에서 서로 존중하고, 존엄성과 상호 책임을 바탕으로 관계를 맺을 때처럼 학생과 **함께** 상호작용하면 아이들이 느끼는 행복과 안녕을 우선시할 수 있다.

교사가 건강한 관계를 맺으며 살아갈 때, 학생들이 친구와 성인과 맺는 관계를 가장 효과적으로 지원할 수 있다. 학생들 **사이의 관계를** 바라볼 때, 그들이 어려움을 겪으면 교사는 권위적인 교사라는 역할 때문에 어려움을 해결해 주거나 '고쳐'주기 쉽다. 이보다는, 교사도 관계에서 어려움을 겪고, 부족하다는 말을 하면 아이에게 한 발 더 가까이 다가갈 수 있다. **함께** 걸어가며 이야기를 세심하게 들으며 아이를 지원하고, 아이가 관계에서 책임을 질 수 있도록 도울 수 있다.

관계를 중시할수록, **가르치는 내용과 방법**이 학생에게 전하는 의미에 더욱 관심을 갖게 된다. 교육과정에 누구의 이야기가 실렸고 실리지 않았는지, 무엇을 다루고 다루지 않는지는 학생의 인식체계에 큰 영향을 미친다. 교육과정과 교육론을 통해 학생은 다른 사람과 상호작용하는 방법과 공동체에 참여하는 방식을 배운다.

이제, 교사가 **학교조직 및 방침과 맺는 관계**를 살펴보자. 학교조직은 성인인 구성원이 만든 목표에 따라 물리적 구조, 운영 구조, 정책 및 절차를 정하고 운영한다. 의미 있는 목표를 세우기도 하지만 때로는 백인 우월주의, 분리정책, 식민정책이 목표에 영향을 미쳐 특정 집단을 통제한다. 학교의 비전, 목표, 의사소통구조를 만들 때 힘을 공유하는 것을 강조해도 이것들이 모호해지거나 왜곡되기도 한다. 공동체의 구성원이 공정하게 몫을 감당하기보다 수직적 질서에 따라 통제하거나 책임을 떠맡는다.

학교에서 맡은 역할에 관계없이, 학교의 성인 구성원은 관료주의가 본인의 행동과 학교 운영에 미치는 영향을 안다. 잘못된 일이 생기면 책임을 느끼기보다 관료주의 탓으로 돌릴 수 있다. 그보다 학교 성인 구성원이 모든 사람의 존재적 행복과 안녕에 기여하는 데 구조를 변화시키는 일이 중요하다는 것을 인식하고, 변화를 위해 적극적으로 참여한다면 어떨까?

마지막으로, 모든 사람이 존귀하고 상호연결되어 있다는 핵심 신념은 우리와 우리를 둘러싼 자연과 맺는 관계에 직접적인 영향을 미친다. 지구 기후 변화에 대한 경각심과 인류가 자연을 유린한 것에 대한 책임을 절감하는 시대에 물, 공기, 땅, 동물, 식물 등과 상호적인 관계를 맺는 것은 매우 중요하다. 아메리카 원주민들은 자연과의 상호연관성을 깊이 인식하고 있었기에 자신들을 '물 부족', '바위 부족', '나무 부족', '새 부족'이라 부른다.[7] 자신을 자연의 일부로 여기는 원주민의 생각은 사람이 복잡하고 커다란 자연의 연결망 속에 연결된 존재임을 우리에게 일깨워준다. 우리가 스스로를 존귀하고 상호연결된 존재로 깊이 인식할 때, 우리는 늘 생명력 있게 살아갈 수 있다.

관계의 원으로 학교 조직에서 맺는 관계의 범주를 설명했다. 범주를 나누기는 했지만 실제 교육현장에서 관계의 영역은 뚜렷이 구분되는 것이 아니라 교차하고 겹치고 확대되고 변하며 서로 영향을 준다. 관계의 원을 통해 학교 문화는 여러 관계가 물결처럼 서로 영향을 미치는 역동 가운데 있음을 알 수 있다. 이와 함께 관계의 원은 학교 내에서 맺는 관계가 어떻게 성장할 수 있는지 이해할 수 있는 틀을 제공한다.

건강한 관계로 성장하기 위한 구체적인 행동

회복적 교육은 건강한 관계로 성장하기 위한 다양한 교육적 접근을 활용하며, 양육이론, 사회감수성 교육, 생태학적 학습이론과 깊이 연결되어 있다. 우리가 회복적 교육을 포함해 모든 교육적 접근을 실천할 때 개인이 교육이론의 핵심 신념과 가치에 따르지 않으면 피해가 발생한다. 예컨대, 관계중심을 표방하나 실제로는 진정성 없이 기관이나 개인의 이익에 따라 관계를 맺을 수 있다. 따라서, 건강한 관계로 성장하기 위한 첫 번째 단계는 핵심 신념과 가치인 모든 사람의 상호연관성, 가치, 존재적 행복과 안녕을 인식하고 수용하고 표현하며 실현하는 것이다.

핵심 신념과 가치를 세운 후, 이야기 서클과 경청 및 질문 훈련을 통해 관계를 돌보는 학교 문화를 만들어 갈 수 있다. 이 두 가지 실천과 더불어 건강한 관계를 만드는 다양한 방법을 교육 현장에서 실천하기를 고대한다.

이야기 서클Talking Circles

북아메리카 대륙 원주민 문화인 이야기 서클을 통해 회복적 교육의 핵심 신념과 가치를 온전히 실천하고 경험하고 체현할 수 있다. 이야기 서클에서 참여자는 물리적으로 둥그렇게 둘러앉아 서클진행자의 안내에 따라 참여자들이 동의한 주제로 이야기를 한다. 참여자는 말할 기회를 동등하게 갖는다. 식물, 돌, 솜인형 등 모임의 의미를 상징하는 물건으로 토킹피스를 사용하며 말하며, 토킹피스를 가진 사람만 말할 수 있다. 토킹피스는 옆사람에게 돌리며 토킹피스를 받은 사람은 말을 하거나 통과를 하거나 잠시 침묵을 하며 말하기를 선택할 수 있다. 시작과 끝을 알 수 없는 원은 모든 순간이 가치 있고 소중함을 상징하기 때문에 참여자는 서클에서 나누는 모든 통찰을 존중한다.

서클진행자는 참여자 초대, 공간 준비, 서클 시작, 대화하는 방식 안내, 주제 소개, 대화하고 듣기에 안전한 공간을 유지, 서클 마무리를 담당한다.

서클 진행은 어린 아이가 또래를 위한 서클을 진행할 수 있을 정도로 간단하지만 이와 동시에 복잡한 면이 있다. 캐롤린 보이즈 왓슨과 케이 프라니스는 서클은 단순히 의자를 동그랗게 배치하는 것 이상이며 어떻게 대화하는지가 중요하다 말한다.[8] 또, 서클을 통해 단순하지만 함께 대화하는 데 꼭 필요한 법을 배울 수 있다 말한다. 서클에서 개인과 공동체는 자신의 의견과 필요를 나눌 수 있다. 자신의 이야기를 하고 다른 사람의 이야기를 들으며 신뢰를 쌓아간다. 시간이 무르익으면, 서클 안에서 경험하는 경청과 이야기 나눔이 서클 밖 공간에서 맺는 관계에 긍정적인 영향을 미친다.

학교 공간에서 이야기 서클은 다음과 같은 형태로 나타난다.

- 교직원 회의, 학급 회의, 위원회에서 활용해 빠른 시간에 짧고 가볍게 서로 알아가고 내 곁에 있는 존재를 인식할 수 있다.
- 교직원 회의나 학부모 회의 때 맡은 역할 및 책임에 대한 생각을 나눌 수 있다. 학생은 학습내용이나 사회문제에 대한 생각을 서클에서 나눌 수 있다.
- 회의나 수업 끝, 하루나 한 주의 끝에 진행해 해결되지 않은 질문 하나, 배운 것 중 하나, 다음 시간에 만날 때까지 할 일 등을 나눌 수 있다.
- 학급 모임 때 한 주간 어땠는지 성찰하거나 다음 주에 필요한 것은 무엇인지 나눌 수 있다.
- 수업에서 인종, 특권, 기후 변화 등 깊이 있는 주제를 다룰 때 활용할 수 있다.
- 동료나 친구가 죽었을 때 애도하는 공간을 만들 수 있다.
- 개인과 집단 사이, 공동체 전체에 심각한 피해가 발생했을 때 피해를 다루는 데 활용할 수 있다.
- 특수교육 지원 시 개별화교육목표를 수립할 때 활용할 수 있다. 서클에서 학생의 필요가 무엇인지 알며, 학생의 필요를 지원하는 모든 사람이 의견을 나눌 수 있도록 돕는다. 필요 시 학생도 서클에 참여한다.

책의 뒷면 부록에 서클을 진행하는 방법을 배울 수 있는 자료의 출처를 실었다. 서클을 진행하는 방법을 배우는 데 가장 좋은 방법은 직접 서클에 참여해 몸으로 경험하는 것이다. 특히, 심각한 피해를 다루는 서클을 진행하려면 전문 교육과 지원이 필요하다. 사전 준비 없이 진행할 경우 추가적인 피해가 생길 수 있어 주의해야 한다.

이야기서클이 학급과 학교의 주 의사소통 방식으로 자리 잡으면 모두를 존중하고 가치 있게 여기며 서로 연결된 학교 문화를 만들 수 있다.

경청과 질문하는 방법 배우기

효과적인 의사소통법을 아는 것만으로 의사소통을 잘 할 수 없다. 상대방이 질문할 때 대답하는 것을 넘어 상대방을 이해하며 듣는 법과 상대방에게 질문할 때 대화를 의미있게 이어갈 수 있도록 열린 질문을 하는 연습을 해야 한다. 열린 질문을 활용하면 주변에 일어나는 일을 비판적으로 성찰할 수 있다. 회복적 정의 분야에서 제안하는 다섯 가지 핵심질문은 다음과 같다.

- 무슨 일이 있었는가? / 무슨 일인가?
- 이 일에 대한 나의 느낌과 생각은?

- 내게 가장 힘든 일은 무엇인가? 내게 가장 좋은 일은 무엇인가?
- 이 일로 인해 영향을 받은 사람은 누구인가? 어떻게 영향을 받았는가?
- 이 일 이후에 성장하려면 내게 필요한 것은 무엇인가?

다섯 가지 질문을 답하며 성찰할 수 있으며, 어려운 상황이나 피해가 발생한 상황을 해결할 수 있다. 질문을 따라 답하다 보면, 과거, 현재, 미래의 이야기를 하게 된다. 질문을 통해 내면을 더 깊이 탐구할 수 있다. 공동체가 함께 질문에 답하면 다른 사람이 나와 다른 관점에서 중요하게 생각하는 부분을 알게 된다.

다섯 가지 핵심질문을 다른 상황에서 사용하는 예를 살펴보자.

- 확률을 공부하는 수학 시간, 블래이크 교사는 배운 내용을 서클로 5분 동안 확인한다. 학생들은 소모임으로 흩어져 다섯 가지 질문 중 한 개 이상에 답한다. 개념을 이해한 학생은 답을 얻는 과정을 설명하고 실생활에 이를 어떻게 사용할 수 있는지 나눈다. 어떤 학생은 수업 내용 중 헷갈리거나 분명치 않은 부분을 나눈다. 다른 사람이 다시 알려 주었으면 하는 부분을 나누는 학생도 있다. 학생들이 서클에서 하는 대화를 관찰하며, 블래이크 교사는 교사의 전문성에 의존해 정답과 오답을 가리는 수업보다 학생 간 서로의

생각을 교환할 수 있는 참여적, 관계적 수업이 더욱 의미 있다 생각한다.

- 슬래이드 교사는 새로운 단원을 시작하기 앞서 학습계획을 세웠다. 수업을 준비하며 혼란스럽고 답답한 마음이 생겼다. 하던 일을 멈추고 잠시 산책을 하러 나갔다. 걸으며, 다섯 가지 질문을 스스로에게 소리내어 묻고 답한다. 산책을 마치고 돌아오자, 그가 느꼈던 감정의 실체가 드러났다. 단원의 목표가 흐릿하고, 이 단원이 학생들의 배움을 자극할 수 없을것 같아 답답했다. 단원과 관련된 교육자료를 더 살피고 작년에 이 과목을 가르쳤던 교사를 찾아가 대화를 나눴다. 그 후에야, 학습계획을 일단락 짓고 퇴근할 수 있었다.
- 다섯 가지 질문을 배우기 전, 폴렛 교사는 학생과 가벼운 대화도 나누기 힘들었다. 하지만 이 질문을 배운 후, "무슨 일이 있었니?" 아니면 "오늘 하루 중 가장 좋았던 게 뭐야?" 라고 물으며 학생에게 다가가 대화를 시작할 수 있었다. 학생들이 언제나 마음을 열고 답하는 데 감동을 받았다. 그러면 자신도 오늘 하루 어땠는지 이야기를 하거나 학생의 생각과 느낌은 어떤지 질문을 하며 대화를 이어갔다.

잘 듣는 법과 질문하는 방법을 배우는 것은 건강한 관계로 성장하는 데 필수적이다. 우리가 상대의 이야기를 깊이 들을 때 무엇을 묻고, 어떻게 물어야 하는지 알게 된다. 반대로, 묻는 내용과 방법이 우리를 깊이 있게 듣도록 안내한다. 우리는 대화할 때 경청하며 회복적 교육의 핵심 신념과 가치를 삶으로 살아낼 수 있다.

요약

건강한 관계로 성장하기는 회복적 교육의 핵심 요소이다. 정의롭고 공정한 배움의 공간에서 건강한 관계로 성장하는 공동체는 갈등이나 심각한 피해를 다룰 수 있다. 6장에서는 피해를 회복하고 갈등을 평화적으로 전환하는 내용을 살핀다.

6장: 피해를 회복 및 갈등 전환하기

〈성찰 질문 및 활동〉 피해 받았던 상황을 생각해 본다. 그 때 다른 사람이 알아주었으면 하는 나의 욕구는 무엇이었는지 적어 본다. 이제 내가 다른 사람에게 피해를 주었던 상황을 생각해 본다. 그 때 다른 사람이 알아주었으면 하는 욕구가 무엇이었는지 적어 본다. 적은 내용을 살펴 본다. 발견한 것은 무엇인가? 내가 다른 사람에게 바랬던 것을 학생이나 동료와 나 자신에게 구한다면, 나는 그것을 들어줄 수 있을까?

회복적 교육은 관계가 건강하게 성장하는 것과 더불어 어려움이 있을 때 치유의 방향으로 나아가는 것을 지향한다. 우리는 건강한 관계로 성장하는 과정에서 갈등과 피해를 피할 수 없다. 피해가 발생하면 회복, 희망, 자율성, 소속감의 욕구가 채워지지 않는다. 관계가 어려워질 때 우리와 상대의 욕구를 모두 돌본다면 건강한 관계로 성장할 수 있다.

다음 세 가지 상황을 살펴보자.

- 졸리는 화장실에 앉아 거울을 보며, '다른 여자애들처럼 생겼으면 좋았을텐데' 하고 생각한다. 여자 아이들이 자신에게 했던 불친절하고 무자비하고 혹독한 말이 떠오르자 눈물이 뺨을 타고 흐른다. 졸리는 늘 놀림을 받지만 아무도, 심지어 담임교사조차 이를 말리지 않는다. 그 무리를 혼내거나 자신을 도와줄 사람은 아무도 없는 것 같다.
- 브래든은 수업을 교실에서 받을 수 없는 정학을 받았다. 1년 중 48일을 교내 정학 교실에서 시간을 보냈다. 대부분의 정학 처벌은 마크 교사가 수업하는 과학 시간에 이뤄졌다. 브래든은 과학 교사가 자신을 곤경에 빠트리려 방법을 찾고 있다 생각했다. 과학교사가 자신을 왜 미워하는지, 자신이 수업 시간에 하는 행동마다 왜 잘못됐다 하는지 이해할 수 없었다.
- 마크 교사는 학생참여중심 수업을 열심히 준비했다. 대부분 학생은 교사의 이러한 열정과 노력을 알아주며 때때로 직접 고맙다고 표현했다. 그런데 브래든의 경우는 다르다. 수업에 거의 참여하지 않으며 과제를 하지 않으려 꾀를 썼다. 마크는 브래든이 자신을 왜 싫어하는지, 과학 수업에 왜 적극적으로 참여하지 않는지 이해할 수 없었다.

위의 상황은 관계의 복잡성을 보여준다. 각 상황에서 치유와 갈등전환을 위해 필요한 것은 무엇일까?

피해와 갈등 정의하기

피해는 신체적, 정서적 상처 이상을 의미한다. 피해로 인해 사람의 존엄성이 훼손되고 가치가 경시된다. 모든 피해가 고의적이지 않기에 상처주려는 의도가 없던 말과 행동으로도 상대에게 피해를 줄 수 있다. 제도적 정책과 관행이나 문화적 규범이 낳는 피해도 있다. 파냐 데이비스가 『인종과 회복적 정의*Little Book of Race and Restorative Justice*』에서 설명하듯, 인종차별은 개인적, 제도적, 구조적 차원에서 나타나며, 대인관계적 피해뿐 아니라 집단학살과 노예제 같은 역사적 피해를 포함한다.

갈등은 두 사람의 불일치 이상을 의미한다. 갈등은 관계적이고 상호적이다. 내가 누군가와 갈등상황에 있다는 것은 상대와 관계 맺고 있음을 의미한다. 나와 상대방의 의견이 다를 수 있다. 이때 내가 상대와 관계가 없거나 우리에게 상호책임이 없다면, 의견 차로 인해 갈등이 생기지 않는다. 갈등은 다른 의견이 관계에 잠재적으로 영향을 미칠 때 발생한다.

브래든과 마크의 이야기는 교사와 학생이 경험하는 피해를 보여 준다. 브래든은 과학 수업에서 나와 정학 교실로 보내질 때마다 마크 교사가 자신을 쫓아낸다는 생각을 굳혔다. 과학교사가 의도적으로 자신의 존엄성을 공격한다 여겼고, 이를 불의하다 생각했다. 그래서 과학 수업에 참여하고 싶은 마음이 사라졌다. 반대로, 마크 교사는 브래든이 수업에 참여하지 않을 때마다 자신을 무시한다 생각했고, 브래든이 의도적으로 자신의 존엄성을 공격한다 믿었다.

교사와 학생을 떠나, 우리가 극단적인 행동을 하는 이유는 자신의 존엄성을 지키고 상처받지 않기 위해서다. 학생이 교사에게 가하는 폭력과 수업에 참여하지 않는 일, 교사가 학생을 무시하는 행동, 학생에게 정학과 퇴학을 내려 배제하는 일은 존엄성을 지키고 상처받지 않기 위해서다. 학생과 교사가 서로에게 폭력을 가하는 순환고리에서 벗어나 상호책임의 관계로 변할 수 있을까?

학교훈육과 학생 행동이란 용어에 대하여

회복적 교육은 학생 행동에 초점을 맞추기 보다 피해와 갈등에 초점을 맞춘다. 회복적 교육에 기반한 접근이라며 말하며, 학생행동에 영향을 미친 정황을 살피기 보다 학생행동을 고치는 데 초점을 맞추는 경우가 있다. 책 앞부분에 제시한 식물의 성장 비유를 떠올려보자. 정원에서 꽃이 피지 않을 때 우리는 꽃을 비난하지 않는다. 예를 들어, 어떤 학생이 화가 나 교사에게 폭력을 가하거나 무례하게 대했을 때 우리는 이를 **잘못된 행동**이라 말한다. 보통 **잘못**

된 행동을 정의할 때 행동을 유발한 정황은 살피지 않고 행동만 생각하기 쉽다. 회복적 교육 관점에서는 누군가 화를 내거나 무례하게 행동한 경우, 이를 행동 **분출**로 여긴다. 분출행동에는 행동을 유발한 출발점이 있다. 즉 정황이 있다. 그 학생이 학업으로 인해 좌절했거나 능력이 부족하다 느껴 수치심을 느꼈을 수 있다. 무심코 교사가 한 말에 모욕감을 느꼈을지 모른다. 이외 무수히 많은 다른 이유가 있을 것이다. 회복적 교육은 학생의 반응에는 이유가 있다고 가정하며 그 이유를 듣기 위해 공간을 창조한다. 행동을 유발한 정황을 살피지 않고 행동만을 다룬다면 결국 문제를 다루는 데 실패하기 때문이다.

회복적 교육은 사건을 넘어 정황을 다룬다. 사건은 정황을 파악할 수 있는 단서이기에 중요하지만 사건만 다룬다면 피해를 온전히 다룰 수 없다.

피해가 발생했을 때 정황을 살피는 관점에서 저술한 책이 출판되었다. 그 중 『학교현장을 위한 회복적학생생활교육』대장간 역간은 학생행동을 다룰 때 처벌이 아니라 책임과 상호존중을 기반으로 이를 회복하는 관점을 제시하고 있다. 또한 이 책에서는 학교 문화를 변화시키는 일의 중요성을 강조한다. 이 외 다른 책 목록은 이 책의 참고자료에서 확인할 수 있다.

피해 이해하기

현 사법구조와는 달리 회복적 정의는 범죄와 갈등을 법과 규칙을 위반한 행동이 아니라 '사람과 관계를 위반한 것'으로 본다. 회복적 정의는 사법구조와는 다른 질문을 사용해 해결 과정에 이른다. 사법구조에서는 '법을 어긴 사람이 누구인가?', '그 사람에게 무슨 벌을 내려야 하는가?'로 질문하는 반면 회복적 정의는 '누가 피해를 입었는가?', '피해로 인해 발생한 필요는 무엇인가?', '그 필요를 채울 수 있는 사람은 누구인가?'로 질문한다.[1)]

학교 규칙에 명시하지 않은 피해가 교실 안과 밖에서 발생할 때 학교는 이를 중요하게 여기지 않는다. 잭의 이야기를 살펴보자. 잭은 책을 읽으려면 두꺼운 안경을 써야 하는데 안경 때문에 중학교 때부터 놀림을 받았다. 어느 날, 잭은 더는 참을 수 없어 자신을 놀린 아이를 밀쳤다. 잭은 학교 규칙을 어긴 이유로 5일 정학을 받았다. 그러나 학교는 잭을 놀린 아이의 행동은 다루지 않았다. 놀림은 당연히 피해를 준 행동이며 '사람과 관계를 위반한 것'이다. 회복적 교육은 각 사람에게 자신이 경험한 피해와 필요와 책임에 대해 이야기 할 수 있는 공간을 마련한다. 이 공간에서 사건에 영향을 받은 모든 사람이 이야기를 하며 정의와 공정을 경험할 수 있다.

피해는 대인 관계에서 뿐 아니라 구조적 불의 때문에 생긴다. 빌리의 이야기를 살펴보자. 빌리는 난독증이 있지만 학교에서 특수교육지원을 받을 수 있는 학생의 정원 수가 이미 꽉 차 있어 지원을 받을 수 없다. 교육과정에서 제시하는 읽기 수준을 따라갈 수 없어 수업에서 매일 어려움을 겪는다. 어느 날, 역사 교사가 빌리가 스스로 과제를 할 수 없자 빌리에게 짜증을 냈다. 빌리는 교사에게 화를 내 교무실로 불려갔고 끝내 3일 정학 처분을 받았다. 이와 같은 상황에서 피해를 받고 모욕을 느낀 사람은 누구일까? 벌어진 일에 대한 책임은 누구에게 있을까? 피해에 대한 학교의 책임은 무엇일까? 이 사건으로 인해 드러나고 다뤄야 할 구조적 불의는 무엇일까?

우리 모두는 '구조적 불의' 때문에 피해를 받은 적이 있다. 내 고통의 원인이 사람이 아니라 구조와 연관되었던 경험을 떠올려 보자.

교육 정책 때문에 발생하는 피해는 무엇일까? 표준화된 시험, 영어가 외국어인 학생에게 영어 집중 수업만 제공하는 정책, 무관용정책이 교사, 학생, 가정에 미치는 영향은 무엇일까?

2장에서 말했듯이, 1990년 초반부터 시행한 무관용정책 때문에 학생이 특정 행동을 하면 학교는 반드시 정학을 내려야 한다. 무관용정책은 비효과적이며 모순이 많다. 정학 기간 동안 정학을 받은 이유 행동이 더 강화되기 때문이다. 정학을 받은 학생은 수업을 듣지 못하기 때문에 학업에서 뒤쳐지고, 문제학생이라는 꼬리표를 달고 공동체에서 소외된다. 처벌이 불공정하다고 생각한다. 자존감이 낮아지고 권위를 가진 사람에게 저항하는 마음이 커진다.

캐롤 길리간Carol Gilligan과 하워드 제어는 '가해자' 라고 여겨지는 사람 대부분이 불의를 경험하며 그들의 행동 동기가 정의를 이루기 위한 시도일 수 있다고 말한다.2) 이러한 시각은 피해를 준 행동이 정당하다고 말하기 위해서가 아니다. 대신 '그들에게 일어났던 일'이 그들의 선택에 어떤 영향을 미쳤는지 이해하는 데 도움이 된다. 행동 이면에 숨겨진 불의를 밝히지 않는 한 피해를 유발한 사람은 자신에게 일어나는 일이 불의하다고 느낀다. 그래서 회복적 접근은 피해를 유발한 사람에게 회복적 정의 과정에 참여할 수 있는 기회를 준다. 로니 카셀라Ronnie Casella는 정학이나 퇴학 후 회복되는 아이가 있는 반면 그렇지 않은 아이가 있다 한다. 회복되지 않는 경우는 가난, 인종차별, 학업부진과 같은 아이가 처한 현실이 처벌과 연관되어 부정적인 효과를 낳을 때이다.3) 미국 심리 학회the American Psychological Association 보고서는 무관용정책이 학교를 안전하게 만드는 데 실패했을 뿐 아니라 아동발달 이론에 반하는 정책이라 비판한다.4) 이처럼 어떤 정책은 교육에 피해를 준다.

또한, 아이들이 겪는 트라우마, 스트레스, 가난은 끊임없이 학교에서 발생하는 피해의 원인이다. 아이들은 트라우마, 스트레스, 가난 때문에 학교에서 안전함과 안정감을 느끼지 못하며 이는 학습, 관계, 학교 문화에 영향을 미친다. 예를 들어, 만 18세 이전에 일어난 트라우마 경험을 합산해 수치화 하는 아동기 부정적 경험 검사Adverse childhood experiences: ACEs에 따르면,[5] 검사 결과 점수가 높은 학생일수록 학교 출석일수가 적고, 집중하는 데 어려움이 있으며, 충동적인 행동을 보인다.

트라우마가 나의 삶에 어떤 영향을 미쳤는가? 시간을 내어 트라우마에 관한 자료를 읽은 후 트라우마를 이해하는 학교문화를 만들 수 있는 방법을 생각해보자.

아이의 폭력과 반항은 아이의 삶에 트라우마나 불의함이 있다는 것을 보여주는 신호다. 『트라우마의 이해와 치유』대장간 역간에서 저자 캐롤린 요더는 트라우마의 영향으로 약물중독, 자살과 같이 자신을 공격하는 행동을 하거나 공격적인 행동이나 위험한 행동으로 타자를 공격한다 말한다. 무감각, 공감능력 결여, 의사소통 장애 역시 아이가 트라우마를 겪고 있다는 증거이다.[6] 트라우마에 관한 연구들은 원주민 동화를 위해 시행한 강제 기숙사 학교 정책, 노예제, 대량학살과 같은 역사적 트라우마가 이를 겪지 않은 다음 세대에도 유전적으로 전해진다는 사실을 밝혔다.[7]

다행스럽게도 아이가 자신이 중요하다고 생각하는 성인에게 돌봄과 지원을 받으며 상호작용을 하면 트라우마의 부정적인 영향에서 벗어날 수 있다. 학교에서 학생의 욕구를 충족할 수 있는 공간을 창조한다면, 관계 뿐 아니라 회복탄력성, 존엄성, 자기 자신에 대한 감각을 회복할 수 있다. 워싱턴 주 왈라왈라시에 있는 링컨 고등학교는 트라우마, 갈등, 스트레스가 학생에게 미치는 영향을 이해한 후 트라우마 이해에 기반한 교육법을 도입했고 그 결과는 놀라웠다. 교사가 학생생활부에 학생 행동을 보고하거나 학생이 정학을 받는 횟수가 거의 줄었다. 싸움은 가끔 일어나지만 학생 졸업률, 시험점수, 대학입학합격률이 높아졌다.[8)]

갈등 이해하기

피해와 마찬가지로, 갈등도 학교 현장에서 피할 수 없는 영역이다. 학교는 갈등해결 교육과 또래조정 프로그램을 통해 갈등을 교육적으로 다뤄왔다. 회복적 교육은 갈등을 이해하는 새로운 축을 제시한다. 바로, 건강한 관계로 성장하는 데 존엄성을 강조하는 것이다. 따라서 갈등을 다룰 때 목적은 개인의 존엄성을 인식하고 강화하는 데 있다.

상호적 관계에서 갈등 발생은 필연적이다. 우리는 갈등이 출현할 때 이를 해결하고자 하기에 학교에서 갈등을 관리하고 해결할 수 있는 능력을 갖추는 일은 중요하다. 그러나 학생과 교육자 다수가 갈등이 생겼을 때 평화롭게 해결하는 방법을 모른다.

표6-1. 갈등분석표

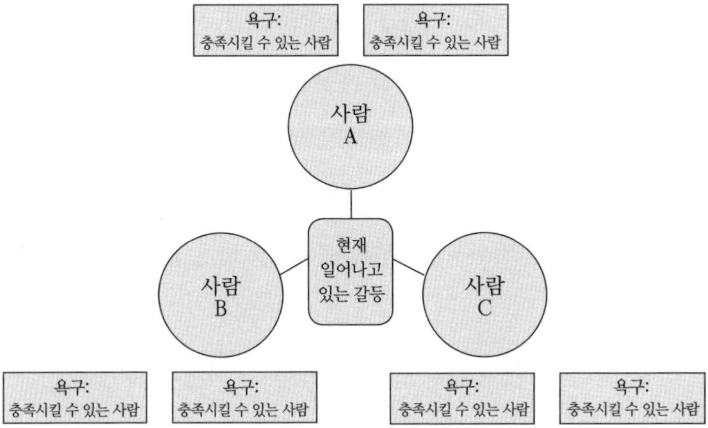

갈등이 있었던 사건을 떠올려보자. 이 사건에 관련된 사람들은 누구인가? 피해를 경험한 사람은 누구인가? 표6-1과 같이 표를 그려보자. 사건에 영향을 받은 사람만큼 원을 그려 원 안에 이름을 각각 적는다. 원 근처에 일어난 사건과 관련되어 드러나는 욕구가 무엇인지 적는다. 그 옆에 이 욕구를 충족시킬 수 있는 사람 혹은 충족시켜야 하는 사람의 이름을 적는다. 이러한 분석을 통해 우리는 갈등이 서로 복잡하게 얽혀 있음을 알 수 있다.

갈등이 생겼을 때, 관계는 갈등에 어떻게 반응하는지에 따라 좋아지거나 나빠진다. 갈등 가운데 본인과 상대의 존엄한 인격을 인정할 때 긍정적인 결과를 기대할 수 있다. 3장에서 언급했듯이 존엄성은 인격의 가치 있음을 의미한다. 국제 관계 갈등을 중재하는 도나 힉스Donna Hicks는 사람의 존엄성이 갈등 상황에서 훼손되면 사람은 취약해지고 조절능력을 상실하고 스스로를 가치 없게 느낀다고 한다. 존엄한 인격을 존중하며 갈등을 다루는 공간을 창조할 때 갈등 해결 뿐 아니라 치유로 향하는 갈등 전환을 경험할 수 있다. 갈등이 우리의 존엄성을 훼손하지 않는 한, 갈등 자체는 관계에 해롭지 않다.[9)]

힉스는 존엄성과 존중을 구분한다. 모든 사람은 태어남과 동시에 존엄성을 갖고 태어난다. 존중은 다른 사람으로부터 채워지는 욕구이지만 존엄성은 그렇지 않다. 존엄성은 이미 갖고 있는 것이기에 타자에게 받을 필요가 없기 때문이다. 트라우마처럼 존엄성이 위협받는 상황에서 사람은 비이성적으로 행동하고, 생존과 자기보호 욕구는 커진다. 생존과 자기보호를 위해 상황을 회피하거나 다른 사람을 위협하는 행동을 할 수 있다. 이와 같은 행동은 갈등 상황을 존엄성에 대한 공격으로 해석하는 학생이나 교사에게서 많이 볼 수 있다.

존엄성은 있는 그대로의 가치를 인정하는 것이다. 상대를 존엄하게 대한다는 건 그의 사람됨을 가치 있게 여기는 것이다. 존엄하게 대하는 태도 자체가 누군가를 치유할 수 있다. 상대가 나를 존엄하게 대할 때 건강한 방식으로 그와 연결될 수 있고 학업 성취를 높일 수 있으며 갈등 상황에서 이성적으로 대화해 보다 나은 결과를 이끌 수 있다. 회복적 교육으로 갈등과 피해를 어떻게 다루는지 살펴보자.

회복적 교육으로 피해와 갈등 다루기

하워드 제어는 회복적 정의를 "공격적인 상황이 발생했을 때 이 일에 연루된 모든 사람이 가능한 많이 참여해 상황을 최대한 올바르게 하고 치유를 위해 피해와 욕구와 책임을 밝히고 다루는 공동체적 과정"이라 정의한다.[10] 로레인 수투츠만 암스투츠와 쥬디 뮬렛은 학교 상황에 회복적 정의를 적용해 일상에서 함께 살아가는 법을 배우는 회복적 교육을 다음과 같이 정의한다.

> 공동체 구성원은 회복적 정의의 가치와 원리를 통해 보다 포용적이고 협동적인 방식으로 살아갈 수 있다. 포용과 협동의 방식은 공동체에 속한 모든 사람의 욕구와 경험을 중요하게 여기고 인정하는 것으로 특별히, 소외, 억압, 피해를 당한 구성원의 욕구와 경험을 중요시 여긴다. 이를 위해 강압이나 소외의 방식이 아닌 치유의 방식으로 행하고 반응한다.[11]

그러므로 회복적 교육을 실천하는 교육자는 응당 받아야 한다고 여기는 처벌보다 치유를 위해 필요한 과정에 더욱 관심이 있다. 회복적 정의 관점으로 교육에서 발생한 피해와 갈등을 다룰 때 필수 원리는 갈등을 야기한 '드러나지 않은 욕구'를 다루는 것이다.

갈등 당사자 모두의 욕구 돌보기

회복적 정의는 피해를 입은 사람의 욕구는 고려하지 않고, 피해자는 사람이 아닌 법이 되는 사법 구조에 대한 대안으로 출현했다. 학교에서도 이러한 상황이 자주 발생한다. 학교 규칙은 규칙을 어긴 학생이 벌을 받는 구조로 정해져 있으며, 갈등이나 피해로 인해 영향을 받은 사람이나 사람들의 욕구를 대부분 고려하지 않는다. 회복적 교육은 피해가 발생했을 때 피해로 인해 영향을 받은 사람들의 욕구를 충족하는 방법을 찾는다. 회복하려는 대상은 자기 자신, 관계, 학교가 안전한 공간이길 바라는 바람일 수 있다.

표6-1 갈등 분석표를 참고로 해 내가 작성한 갈등 분석도를 살펴보자. 피해로 인해 충족되지 못한 욕구 중 교실에서 충족될 수 있거나 충족되면 좋은 것은 무엇인가? 충족될 수 없는 것은 무엇인가? 때때로 교사와 학교 관계자는 학생이 학교 생활에서 중요하게 여기는 욕구를 모른다. 알더라도 학교에 욕구를 충족하는 데 필요한 자원이 없다. 예를 들어 아동기 부정적 경험 검사에서 높은 점수

가 나온 학생은 교육자의 지원이 필요하다. 전문 상담가의 지원 역시 필요하지만 학생의 욕구를 밝히고, 적절한 지원을 받을 수 있도록 사회 지원망과 연결해 주는 교사의 지원도 중요하다.

피해를 회복할 때 피해에 연관된 모든 사람의 욕구를 다루는 것이 핵심이다.

피해 바로 잡기

회복적 교육은 일어난 일을 최대한 바르게 만들려 한다. 피해 때문에 영향을 받은 관계나 공동체를 회복하기 위함이다. 보상은 일어난 일을 바르게 만드는 방법이 될 수 있다. 학생이 화가 나고 답답해 교사의 차를 파손한 상황을 예로 들어보자. 교사는 학생이 왜 그러한 행동을 했는지 정황을 살피고 바른 일이 무엇인지 아는 과정을 중요하게 다뤄야 한다. 피해를 입은 사람은 대부분 피해 때문에 삶의 통제권을 상실했다고 느낀다. 이런 사람이 피해를 회복하는 방법을 결정할 수 있는 기회를 갖는다면 삶의 통제권을 회복할 수 있다. 예를 들어, 피해를 입은 교사는 학생에게 차 수리비와 같은 물리적 배상을 구하고, 다시는 이러한 일이 발생하지 않기 위해 할 수 있는 일은 무엇인지 알고 싶다고 요구할 수 있다.

어떤 피해는 피해를 회복하는 과정이 명확하지 않을 수 있다. 관계에서 무너진 신뢰를 어떻게 회복할 수 있을까? 사람의 존엄성을 훼손했을 때 어떻게 회복할 수 있는가? 이는 공동체의 여러 정황을 살피며 대답해야 하는 중요한 질문이다.

데니스 설리반Dennis Sullivan과 래리 티프트Larry Tifft는 피해를 유발한 사람에게 피해를 바로 잡을 수 있는 기회를 주면 흔히 이들이 형성하는 부정적 자아상을 갖지 않게 된다 말한다.[12] 피해를 바로 잡도록 학생에게 기회를 줄 때 단순히 처벌을 받을 때에는 기대하기 힘든 '행동에 책임지기'라는 교육적 효과를 기대할 수 있다.

자발적 책임 지원하기

회복적 정의 접근은 너무 유해 학생이 피해를 주는 행동을 예방하는 데 효과적이지 않다는 비판을 받는다. 부정적인 행동에 강한 처벌을 내리지 않는다면 혼란이 생기고 배움에 방해가 될 거라 생각하기에 회복적 정의 접근에 대한 우려가 크다. 실제로 회복적 정의는 피해를 유발한 사람이 피해에 책임을 지는 것을 대단히 강조한다. 회복적 교육에서 책임지기란 단순히 다른 사람이 내린 결정에 따라 정해진 행동을 하는 것을 의미하지 않는다. 대신, 피해를 회복할 수 있는 행동을 할 수 있도록 지원한다. 회복적 교육 공동체에서 모든 구성원은 공동체가 만든 공동체의 약속과 서로에 대한 책임이 있다. 회복적 교육 체계 안에서 누군가가 자발적 책임을 질 때 공동체는 이를 지원한다. 따라서 피해를 유발한 공동체 구성원은 소속감을 느끼고 존엄성을 지키며 자발적 책임을 질 수 있다.

다음과 같은 상황을 생각해 보자. 학교에서 한 교사가 동료교사에게 화를 내며 비판하는 일이 벌어졌다. 이런 상황을 다루는 공식적인 정관은 대부분 없기 때문에 화를 낸 교사가 행동에 책임을 지도록 요구하는 상황은 일어나지 않는다. 그러나 회복적 교육 공동체는 화를 내며 비판하는 행동은 상대의 존엄성을 훼손한 것이기에 이를 인정하는 공간을 마련한다. 피해행동에 자발적 책임을 지도록 지원하며, 관계를 돌보는 교직원 문화를 만들어 간다. 두 교사가 서로의 갈등을 직접적으로 다룰 때, 교사 공동체는 이야기 서클과 같은 회복적 과정을 추가적으로 열어 그들이 공동체 구성원의 지지를 받을 수 있도록 한다. 궁극적으로, 회복적 교육은 관계 회복뿐 아니라 갈등 전환의 과정으로 나아간다. 온타리오 중등과정교사연합The Ontario Secondary School Teacher's Federation은 권리 지향보다 관계 지향이라는 패러다임으로 교사 간 갈등을 중재로 지원한다. 12명의 중재자가 회복적 대화를 통해 갈등 당사자의 갈등을 다룬다. 2001년 설립 이후 해마다 회복적 과정을 신청하는 수가 증가하고 있다. 이 과정을 경험한 교사들의 소감은 대단히 긍정적이다. 이 과정에 참여한 한 교사는 교육 공동체와 더욱 연결되고 관계가 보다 건강해졌다고 말했다. 중재로 다뤄진 갈등 요소는 중재 후 재발하지 않았다.

갈등 전환하기

갈등 전환은 현재 일어나는 갈등을 다루는 **동시에** 관계를 건강하게 만드는 능력을 키우는 것을 의미한다. 갈등은 우리에게 충족되지 못한 욕구와 피해를 다룰 수 있는 기회를 준다. 식물 비유의 예를 다시 한번 생각해 보자. 생물학자들은 바람과 폭우가 식물을 파괴하는 것처럼 보이나 실제로 뿌리와 줄기 구조를 튼튼히 하여 식물의 회복력을 길러준다 말한다.

갈등이 가진 전환적 잠재력은 배움의 과정과 일맥 상통한다. 발달심리학자인 장 피아제는 그의 학습이론에서 인지적 평형과 비평형 개념을 소개한다. 배움은 학습자의 인지가 비평형 상태에 있을 때 기존 지식을 수정하거나 새로운 지식을 받아들이며 일어난다. 피아제 이론으로 보면 인지 부조화 없이 배움은 일어나지 않는다. 벤의 이야기를 예로 들어 보자. 5학년 때 벤은 미식 축구 부원들에게 괴롭힘을 당한 적이 있다. 그 후부터 미식 축구 선수는 다 나쁘고 폭력적이고 공격적이라 생각했다. 같은 반인 제프리를 미식 축구 선수라는 이유만으로 싫어해 학급에서 제프리와 갈등을 겪었다. 벤은 회복적 정의 과정

나를 더욱 강하고, 지혜롭고, 회복탄력적이게 만들어 주었던 갈등 경험에 대해 생각해 보자. 무엇이 나로 하여금 갈등을 통해 성장할 수 있게 해 주었는 지 성찰해 본다.

을 통해 미식 축구 선수에 대한 자신의 생각을 수정했다. 갈등이 그에게 배울 수 있는 기회를 주었다.

마찬가지로 진보 교육 철학자 존 듀이는 갈등이 새로운 생각과 독창성을 만들어 내는 데 필수적이라 말했다. "갈등은 우리의 생각을 끊임없이 어지럽히는 쇠파리와 같다. 우리를 양과 같은 수동성으로부터 탈피하게 한다."[13] 갈등이 언제나 이런 양상을 띠지 않으나, 새로운 생각이 출현하는 것만으로도 갈등이 가진 전환적 잠재력은 충분하다. 회복적 교육 실천가는 갈등을 환영한다. 갈등을 직면할 때 공동체 스스로 공동체 문제를 협력하여 다룰 수 있음을 믿기 때문이다.

회복적 교육은 갈등전환적이다. 갈등 상황에서 공감적 듣기, 자기 조절, 문제해결 능력, 새로운 관점을 배우며 사회감수성 능력을 키울 수 있기 때문이다. 케이 프라니스는 『서클 프로세스』대장간 역간에서 이야기 서클에서 함께 이야기를 나누면 핵심 신념과 가치를 표현하고 실천할 수 있다 말한다. 서클에서 다른 사람의 관점을 존중하고, 존중하며 듣고, 자신의 진리를 말하며 건강한 관계로 성장한다. 우리의 개인적 경험에 의하면 서클은 갈등 전환을 경험할 수 있는 최적의 장소이다. 그러나 갈등전환을 경험하기 위해 정의와 공정의 문제를 다루는 과정이 반드시 필요하다.

정의와 공정의 문제 다루기

회복적 교육은 정의롭고 공정한 배움의 공간을 창조하는 데 최선을 다한다. **공유하는 힘**이 아닌 **지배하는 힘**의 논리를 당연시 하는 수직적 구조에 저항한다. 관계에서 발생한 피해의 원인이 구조적 불의라면 이를 다루며 피해를 회복하고 갈등을 전환한다. 어떤 교육자가 힘의 불균형으로 인해 교육과정을 선택하거나 교수법을 결정하는 데 권한이 없어 불의함을 느낀다고 가정해 보자. 불의함을 느낀 교사는 무력감을 해소하려 학생들에게 지배하는 힘을 행사할 수 있다. 우리는 이를 '괴롭힘 전가' trickle-down bullying라 부른다.

괴롭힘 전가란 나보다 힘을 많이 가진 상대가 강압적인 방법으로 내게 힘을 행사할 때, 이로 인해 잃어버린 나의 힘을 다른 곳에서 사용하고자 하는 경향성이다. 괴롭힘 전가로 나보다 힘이 없는 누군가가 희생된다. 다음 예는 수직적 구조에서 괴롭힘이 어떻게 전이되는지 보여준다. 어떤 학교 행정가는 여러 제약에 부딪혀 무력감을 느낀다. 그는 교사들에게 시험 성적을 올리라 압력을 가하며 위력을 행사한다. 이로 인해 위축된 교사는 학생들을 들볶고, 힘이 강한 학생은 약한 학생을 괴롭힌다. 이러한 상황에서 괴롭힘은 구조적 현상이며 괴롭힘 예방 프로그램을 통해서는 나아질 수 없다. 행정가, 교사, 학생 모두가 자신의 힘을 발현하는 경험을 통해 정의롭고 공정한 관계를 회복해야 한다.

회복적 교육에서 피해를 회복한다는 의미는 무너진 힘의 균형을 세우고, 화합과 정의를 실현하는 것이다. 소외집단이 경험한 불의를 회복적 교육으로 다룬다면 수세대가 지나며 일어났던 일을 모두 밝혀야 한다. 억압과 불의의 문제는 피해를 회복하고 갈등을 전환하는 데 꼭 다뤄야 한다. 허버트 콜Herbert Kohl 14)은 그의 책 『선생님께는 배우지 않을 거예요』에듀니티 역간에서 배울 수 없는 아이들과 배우지 않는 아이들을 구별했다. 배우지 않는 아이들은 불공정하고 불의해 보이는 체제에 저항하기 위해 이를 선택한다. 따라서 회복적 교육으로 접근할 때 다음에 제시하는 차별과 억압이 낳는 피해에 대한 비판적 의식이 없다면, 그 효과를 기대할 수 없다.

- 인종차별
- 계급차별
- 성차별
- 동성애자차별
- 식민주의
- 이 외 모든 억압15)

회복적 정의 관련 책을 지속적으로 출판하는 '생명을 주는 정의 출판사'Living Justice Press의 데니스 브레튼Denis Breton 16)은 다음과 같이 말했다.

"회복적 정의는 피해를 준 사람이 피해 행동을 인정하고 책임을 지고 피해를 바로잡을 때 시작된다. 북미 지역 식민화 역사를 아는 사람은 원주민에게 마약 소지나 차량 도난으로 책임을 묻는 법을 이해할 수 없을 것이다. 우리는 아직 원주민에게 행한 대량 학살과 땅을 빼앗은 역사에 대해 어떤 책임도 지지 않았기 때문이다."

에드워드 발란드라는 『백인 중심 회복적 정의를 넘어*Colorizing Restorative Justice*』에서 회복적 정의의 핵심 원칙이 "잘못으로 인한 피해를 되돌리는" 것임을 일깨운다. 발란드라는 정착민 식민주의가 초래한 역사적 피해를 "최초의 피해"라 명명하며, "여러분[정착민들]이 그 모든 피해를 전제하는 거대한 피해 하나를 외면 하는 한 회복적정의가 그 약속을 실현할 수 있을지 의문"이라고 분명히 밝힌다. 우리가 회복적 교육을 진지하게 받아들인다면 역사적 피해와 갈등을 다루는 작업은 우리의 일이 되어야 한다.

피해를 회복하고 갈등을 전환하기 위한 구체적인 방법

피해를 예방하는 방법은 모든 구성원의 존재적 행복과 안녕을 추구하는 학교 문화를 만들고, 학교 구성원 모두가 연결되어 있고 가치 있는 존재라는 핵심 신념을 늘 붙들어야 한다. 핵심 신념을 바탕으로 학교문화를 세우는 일과 더불어 발생한 피해를 다루고 갈등을 전환하기 위한 방법을 제시하고자 한다.

피해와 갈등을 다루는 구조 구축하기

회복적 교육은 피해와 갈등을 다루는 것이 학교 문화 중 하나로 자리 잡을 수 있도록 구조를 구축한다. 많은 학교가 이미 또래 조정 프로그램과 괴롭힘 예방 프로그램, 사회 감수성 훈련을 실천하고 있다. 이와 같은 기존 프로그램에 회복적 교육의 원리를 연결하면 효과적이다. 학교나 지역사회에서 활용할 수 있는 자원을 확보해 학생의 필요를 지원한다. 예를 들어, 어떤 학교는 학교 공간에 학생지원센터를 만들었다. 학생지원센터에 상담교사실, 양호실, 학습지원실을 갖췄고 학생이 쉽게 올 수 있도록 지원했다. 또, 갈등을 다룰 수 있는 공간을 만들고 전문적 능력을 갖춘 회복적 실천 자원봉사자가 일주일에 두 번 대화모임을 진행했다.

학교 훈육 구조 재고하기

학교 훈육 구조를 회복적 교육의 가치를 반영하여 수정해 학교 훈육 구조로 인해 피해가 발생하지 않도록 한다. 다루기 어려운 행동을 보이는 공동체 구성원은 지지서클, 자발적 책임을 위한 서클, 학생 컨퍼런스student conferencing도 지원한다. 정학 후 학교로 돌아올 때 지원하는 재통합 서클은 한 번이 아닌 지속적인 서클로 지원하도록 한다.

정학 및 퇴학 처벌은 극단적이거나 심각한 상황에서 내리고 일률적이 아니라 상황에 따라 결정해야 하며 과정에 처벌뿐 아니라 재통합 계획을 포함해야 한다. 재통합서클은 처벌이 아니다. 관계를 새롭게 세우고 학교로 다시 돌아오는 학생을 지원하는 활동이다. 정학교실에서 회복적 교육 과정을 진행할 수 있다면 정학 기간 동안 학교에 오지 않는 방식보다 학교에 오는 방식이 더 나은 선택이다.

정학 교실이 학생을 지원하는 공간으로 재정비 된다면 다음과 같은 모습일 것이다.

- 훈련 받은 학생이나 성인 서클 진행자와 함께 갈등 상황을 다루며 문제 해결 능력을 기르는 공간
- 상담교사와 함께 사회 감정 기술을 배우는 공간
- 학습 지원을 받으며 학업부진이나 학업습관을 확인할 수 있는 공간
- 발생한 피해로 인해 어떤지 감정을 표현할 수 있는 서클을 통해 관계가 치유되는 단계로 나아갈 수 있는 공간

더불어 학생생활 규정의 일부는 약속guidelines으로 대체한다. 약속은 학생과 교직원 모두가 함께 만들고 동의한 내용으로, 함께 생활할 때 서로 기대하는 행동을 함께 만들면 어른은 본인이 하지 않는 행동을 학생이 하기를 기대하지 않는다. 학생만이 아닌 모두가 회복적 가치에 따라 공동체에서 생활하기를 기대한다.

대화진행자가 심각한 피해를 다룰 수 있을만큼 역량 갖추기

심각한 피해를 다루는 서클을 진행하는 대화진행자가 되기 위해서는 준비와 경험이 필요하다. 진행자는 갈등, 피해, 트라우마를 다룰 수 있는 역량을 갖춘다. 심각한 피해를 다루는 서클과 컨퍼런스는 이야기 서클보다 복잡하다. 서클 전 미리 참여자들을 준비시키는 진행 준비 과정이 필요하다. 그렇지 않으면 대화모임에서 새로운 피해가 발생하거나 피해를 입은 사람이 피해를 재경험하는 일이 생길 수 있다.

우리가 학교에서 회복적 교육 실천을 지원할 때, 교사들이 짧은 시간 훈련받은 경험을 바탕으로 서클을 진행해 어려움을 겪은 사례를 제법 듣는다. 일례로 한 교사가 싸움을 한 두 소년을 서클로 초대했다. 사전 모임을 하지 않아 교사는 일의 정황에 대한 지식이 없었다. 서클에서 한 아이가 다른 아이를 괴롭히는 일이 발생했다. 이로 인해 또 다른 피해가 생겼고, 교사와 학생은 갈등 해결을 위해 회복적 교육으로 접근하는 방식에 신뢰를 잃었다. 또 다른 예로, 서클이 안전한 공간이라고 믿는 한 학생이 서클에서 감정적으로 민감할 수 있는 개인적인 이야기를 꺼냈다. 감정적인 반응에 불편함을 느낀 진행자는 **힘을 남용**해 학생의 말을 끝까지 듣지 않고, 다음 단계인 제안하기로 넘어 갔다. 그 결과 안전한 공간이 깨지고 자신의 이야기를 한 학생은 친구들 앞에서 무안해졌다. 따라서 교직원이나 지역 사회 구성원이 충분한 경험과 지식을 바탕으로 전문성을 갖춘 서클 진행자로 성장해 학교에서 발생하는 심각한 문제를 다룰 수 있도록 준비하는 일은 매우 중요하다.

요약

피해를 회복하고 갈등을 전환하는 일은 회복적 교육의 핵심 요소이다. 건강한 관계 맺기를 우선시하고 서로의 존엄성을 중요하게 여기는 것이 회복적 학교 문화를 세우는 길이다.

3부 • 지속 가능한 성장

회복적 교육은 모든 존재의 행복과 안녕에 가치와 신념을 둔 사회를 만드는 데 이바지할 수 있는 큰 잠재력이 있다. 책을 마무리하며 건강한 성장에 기본이 되는 뿌리 시스템을 튼튼하게 할 수 있는 다양한 제안과 자료를 제시하고자 한다. 7장에는 지속가능한 회복적 교육 실천을 시작할 때 제안하고 싶은 바를 실었다. 부록에는 회복적 교육을 더 공부하려는 독자를 위해 참고자료를 실었다. 이 책은 최근 몇 년 간 북미에서 일고 있는 회복적 교육 운동을 바탕으로 썼다. 회복적 교육 운동은 아직 작은 시작에 불과하다. 수십 년 후에 보게 될 더 많은 성장이 벌써부터 기대된다.

7장 • 두 학교 이야기 – 지속 가능성에 대한 생각

〈성찰 질문 및 활동〉 이 장에서는 회복적 교육을 실천하는 두 학교 사례를 살필 것이다. 한 학교는 성공한 반면 다른 학교는 실패를 경험했다. 두 사례를 살피며 회복적 교육을 실천할 때 어떻게 접근해야 하는 지 배워보자.

이스트포인트 학교는 회복적 교육 기반 학교 문화 만들기 5개년 계획을 세웠다. 지속적인 교사 교육과 학생 리더십 개발 및 깊이 있는 지식과 기술을 개발하고 회복적 철학을 세워 갔다. 5년 후, 새로 온 학생과 교직원을 지원하는 체계도 완성했다. 나타난 결과는 다음과 같다.

- 학생, 교사, 행정가, 학생가족, 지역사회 모두 학교 내 관계가 성장하는 것을 경험하였다.
- 회복적 교육 정책을 개발했다.
- 정학률이 45% 감소했다.
- 졸업률이 30% 증가했다.

- 교육청은 이스트포인트 회복 실천가가 지역 다른 학교의 회복적 교육 실천을 지원해 주기를 요청했다.

스프루스데일 학교 역시 회복적 교육 실천 5개년 계획을 세웠다. 학교 교직원을 대상으로 연수를 했고, 해마다 새로 온 교직원에게 연수를 실시했다. 회복적 교육에 따라 학교 생활 규칙을 만들고 교사가 서클을 활용하여 교실 공동체를 건강하게 세울 수 있도록 지원했다. 5년 후 나타난 결과는 다음과 같다.

- 교사 대부분이 서클을 하지 않는다. 시간이 많이 걸리는 데다 공동체를 세우는 데 효과적이지 않다 말한다.
- 정학률은 감소했으나, 교무실로 불려 온 학생에게 적절한 대처가 이뤄지지 않았다고 교사들이 불만을 토로했다.
- 교사, 학생, 행정가, 학생 가족, 지역사회 모두 스프루스데일 학교의 회복적 교육 실천은 실패했다고 말한다.

두 학교의 차이점은 무엇인가? 결과가 다른 데는 다양한 요인이 있을 테지만 무엇보다 두 학교는 회복적 교육에 대한 이해의 깊이가 달랐다. 이스트포인트 학교는

- 훈육 방식만이 아닌 학교 문화를 만들어가는 통합적 접근으로 회복적 교육을 실천했다.
- 단순히 기술을 익히는 것을 넘어 이론과 실천을 통합했다.
- 회복적 교육을 기존 체제와 다른 것으로 여기고 새로운 방식으로 접근한 것이 아니라, 기존 체제에 녹여냈다.
- 일회성이 아닌 지속적인 교사교육이 이뤄졌다.

우리는 북미지역 학교의 회복적 교육 실천 성공사례와 실패사례를 수없이 봐왔다. 학교와 함께 연구하고 실천하고 끊임없이 상호작용하며 대화했다. 회복적 교육 실천을 통해 학교가 달라져도 회복적 실천을 하는 교사 한 사람이 떠나면 회복적 교육 실천이 수포로 돌아가는 경우를 봤다. 또 학교 전체적으로 회복적 교육을 실시해도 지속적인 교사교육을 진행하지 않아 결국 지쳐 실천을 중단하는 교사를 봤다.

그레고리와 이반스가 진행한 최근 연구는 지속가능성을 고려하지 않고 회복적 교육을 실천하는 학교 사례를 다음과 같이 지적한다.[1)]

1. 하향식 접근 방식. 협력적 의사 결정 구조가 없고, 혁신에 따른 참여자의 준비상황과 저항을 고려하지 않음

2. 학교 문화 전반을 바꾸는 전체적, 통합적 접근 없이 학생 행동에 과하게 집중하는 모델로만 접근
3. 인종과 권력과 연관된 힘, 정의, 공정 문제를 고려하지 않은 접근
4. 초기에 회복적 교육 철학을 다루지 않고 기술과 실습, 피드백, 코칭 중심으로 접근하는 교사교육모델
5. 회복적 교육을 실천할 시간, 자원과 펀드 부족

회복적 교육의 실패는 단순히 회복적 실천의 부재를 의미하지 않는다. 학생, 교육자, 가정이 소진하고 분노와 절망 가운데 학교를 떠나는 것을 의미할 수 있다. 전혀 준비되지 않은 학교 행정가가 막연한 희망으로 회복적 교육 연수를 받고 섣불리 회복적 실천을 시도한다고 가정해 보자. 행동 문제를 다루는 데 실패해 교사들의 기대는 사그라질 것이다. 행정가들은 학교 정학률 감소를 기대하나 교사들은 지원의 부재, 낙담, 소진을 경험할 뿐이다. 또 다른 예로, 권력과 인종문제를 고려하지 않은 회복적 실천이 있다. 이는 학생들의 반항과 무례함의 원인이 될 수 있다. 교육 과정과 교육 방법에 유색인종, 성소수자, 장애인, 이민자를 향한 공격microaggressions과 특정집단을 사회, 정치, 경제적으로 소외시키는 일marginalization과, 억압이 만연하다면 이는 학생의 존엄을 침해하는 일이다.

교육자가 회복적 교육을 지속가능하게 실천하려면 철학적 토

대와 함께 핵심 신념과 가치가 넓고 깊게 뿌리내릴 수 있도록 지원하는 구조를 만들어야 한다. 책에서 비유로 사용한 식물이 나무처럼 성장한 모습을 상상해 본다. 견고한 뿌리가 있었기에 나무는 무럭무럭 자라 대지에 은총을 주고 땅에 그림자를 드리울 만큼 크게 자랐다.

회복적 교육이 주변부가 아닌 주류 교육이 되기를 희망한다. 회복적 교육이 교육 전 영역에 희망을 주는 미래를 그리며 회복적 교육의 지속가능성을 높이는 방법을 제안한다.

- **씨앗과 뿌리를 늘 기억한다.** 핵심 신념과 가치는 행동과 활동에서 드러난다. 주기마다 짧거나 긴 시간을 들여 학교 문화 곳곳에 관계를 중심으로 하는 문화가 스며들고 자랄 수 있는 방법을 창의적으로 생각해 본다. 회복적 교육을 도입하는 단계마다 핵심 신념과 가치가 단단하게 자리 잡을 수 있도록 한다.[2)]
- **자신있게 천천히 시작한다.** 함께 시작할 사람을 초대한다. 사람들은 인정과 존중을 받거나 핵심가치와 신념이 본인의 가치와 신념과 부합할 때 변화를 지지한다. 지원방식과 속도는 사람에 따라 다르다. 학교 전체가 회복적 교육을 실천하는 방식이 가장 이상적이지만 이 역시도 학교 구성원이 관계에서 연결감을 경험할 때 가능한 일이다. 회복적 교육을 실천하고 싶은 교사와 함께 시작하고 성장해 가라. 변화를 시도할 때 지배와 위계 문화가 형성된다면 관

계중심의 회복적 신념과 가치를 구현해 갈 수 없다.

- **꾸준히 회복적 교육이 무엇인지 보여준다.** 회복적 교육을 실천할 때 철학, 가치, 원리가 모든 행동에서 드러난다. 학생들이 서로를 존엄성과 존중으로 대하기를 바란다면 성인 역시 이와 같은 방법으로 상대를 대해야 한다. 교직원 회의나 학부모와 함께 하는 자리에서 서클을 활용한다. 서클을 경험한 교사와 학부모는 아이들에게 관계중심 철학에 기반한 교육을 실천하기에 수월하다.
- **특정 기술 뿐 아니라 신념과 가치에 집중한 교사 연수를 꾸준히 한다.** 훈련은 기술에 초점이 가 있는 단어로 회복적 교육 훈련이라 말할 때 교사는 또다른 학급 경영 기술을 배우는 시간이라 생각할 수 있다. 기술은 필요하지만 배움을 통해 변화를 이끌어 내기 위해서는 회복적 교육 실천이 철학에 기반해야 한다. 내부연수에 회복적 교육을 실천하는 학생, 학부모도 필요에 따라 참여할 수 있으며, 외부 전문가를 초대하여 회복적 교육 실천에 동력을 가할 수 있다.
- **혼자 하지 않는다.** 학교에서 본인이 회복적 교육을 가장 잘 아는 상태라면 하루라도 빨리 회복적 교육 실천 모임을 꾸린다. 나와 함께 회복적 교육 꿈을 꾸고 실천할 수 있는 교사, 학부모, 양육자, 학생, 행정직원, 지역 사회 실천가는 누구인지 생각한다. 학교를 잘 아는 내부관계자와 다른 시각에서 상황을 바라볼 수 있는 외부

관계자가 모임 안에 들어 올 수 있도록 고려한다.

- **학생 리더십의 힘을 믿는다.** 가능하다면 학생중심활동을 빨리 시작한다. 학생이 리더십을 발휘할 수 있는 기회와 지원을 받으면, 학교 문화를 건강하게 만드는 든든한 주체가 된다.[3]
- **의사결정을 하는 실행팀에 다양한 정체성을 담는다.** 다양한 의견, 경험, 관점은 학교 공동체 구성원 모두를 대변하며 학교 문화를 변혁하고 방침과 실천을 실행하는 데 필수적이다.
- **실천계획을 세운다.** 모임을 처음 시작할 때 6개월에서 1년 정도 회복적 정의 관련 책을 읽고, 공부하고, 연수를 받으며 함께 배우는 시간을 확보한다. 회복적 교육을 잘 실천하고 있는 학교를 방문해 배운다. 신중하게 회복적 교육 실천 계획을 세운다. 학교의 비전과 사명을 분석해 존재의 행복과 안녕을 추구하는 철학을 찾아 회복적 교육이 이를 실천하는 데 도움을 줄 수 있는 부분을 설명한다. 실천을 관찰하고 평가하며 계획대로 진행되는지 확인한다. 대부분의 학생 생활 규칙은 회복이 아닌 처벌 중심이다. 실천이 무르익어 갈 때 회복적 교육과 부합하지 않은 정책을 검토한다. 모든 회의를 관계와 회복 중심으로 진행한다.
- **실천 초기부터 평가지침서를 개발한다.** 정기적으로 평가 지침서로 회복적 실천을 모니터하고 평가하며 목표를 이뤄간다. 평가할 때 현행 방침 중 회복적 철학과 맞지 않는 교육 방침이 무엇인지

살핀다. 예: 행동 처벌 중심 학칙 4)

- **이미 가진 자원에서 시작한다.** 학교의 교육활동 중 회복적 교육의 신념과 가치에 부합하는 것은 무엇인지 살핀다. 이를 기쁘게 여기고 확장시켜 간다. 회복적 교육에 반하는 활동은 무엇인지 살핀다. 내가 가진 자원으로 변화시킬 수 있는 방법을 모색한다.
- **자원을 확보한다.** 학교는 회복적 교육 실천가가 학교에 상주해 내부 교사 연수와 심각한 피해와 갈등이 발생할 때 서클을 진행할 수 있도록 재정적으로 지원한다. 재정이 여유롭지 않을 경우, 교직원 역할을 재정비해 현 교직원이 리더십을 갖고 실천가 역할을 지속적으로 할 수 있도록 한다. 재정적 상황으로 인해 회복적 교육의 가치와 원리를 실천하는 일이 지장을 받으면 안된다. 회복적 교육은 단순히 프로그램을 추가하는 것이 아니라 기존에 존재하는 문화를 지속적으로 바꾸는 일이다. 초기에 교육과정, 학생생활, 학생지도, 훈육 분야로 나눠 담당자를 세워 실천한다면 보다 수월하게 학교 전체에 회복적 교육을 실천할 수 있다. 회복적 교육을 지지하는 행정가나 먼저 실천한 교사들이 학교를 떠나는 변화는 회복적 교육의 지속가능성에 영향을 미친다. 자원의 유동성에 영향을 받지 않고 실천하려면 반드시 회복적 교육 실천 계획에 가치와 원리에 충실한 팀을 만드는 것을 포함한다.

회복적 교육은 프로그램이 아니다. 교육철학이다. 『학교현장을 위한 회복적 학생생활교육』대장간 역간에 다음과 같은 말이 있다.

"우리는 회복적 훈육에 칼로 무 자르는 것 같은 해법을 제안하지 않는다. 복잡하고 다양하게 얽혀 있는 공동체의 문제를 단순화할 수 없기 때문이다. 회복적 접근은 교육 과정 및 활동을 기획하고 의사결정을 할 때 작용하는 철학 혹은 체계이다."

학교 현장에 따라 회복적 교육 실천 방법은 다양할 것이다. 실천방법은 다양해도 회복적 정의에 기반한 교육의 모든 실천에는 공통적인 뿌리가 있다. 즉 모든 사람이 존귀하고 상호 연결돼 있다는 핵심 신념이다. 이 책에서 설명한 핵심 신념과 가치가 회복적 교육 실천 현장의 뿌리가 더욱 튼튼히 자라는 데 도움이 되기를 바란다.

요약

회복적 교육은 통합적이고 전체론적인 교육방식이다. 회복적 교육을 바탕으로 하는 교육적 변화는 정학률 감소, 학생행동 개선, 학업성취도 향상과 같은 특정 영역에 국한되지 않는다. 물론 이와 같은 변화는 회복적 교육을 실천한 결과일 수 있다. 우리는 이보다 더 나아가 회복적 교육을 통해 학교 문화가 변혁되기를 바란다. 학생, 교직원, 학부모, 양육자 모두가 배움공동체에 소속감을 갖게 되기를 바란다. 교사와 학생이 적극적이고 활발하게 배움에 참여하며 인종, 젠더, 성적지향, 문화적 배경, 종교, 모국어, 장애여부, 경제적 배경에 상관없이 모두가 존중을 받고 배움과 성장에 필요한 지원을 받기를 바란다. 학교 문화 변혁은 공동체 구성원 모두를 존귀하게 여기고 상호연결된 존재로 인정할 때 가능하다.

참고자료

지속가능한 회복적 교육 실천에 도움이 되는 자료를 모았다. 방대한 자료는 아니나 회복적 교육을 처음 시작하는 데 도움이 된다.

책

Aquino, E., H. B. Manchester & A. Wadhwa. (2021). 『청소년과 함께 하는 회복적 정의』 *The Little Book of Youth Engagement in Restorative Justice: Intergenerational Partnerships for Just and Equitable Schools.* 대장간 역간, 2023

Bianci, H. (1994). *Justice as Sanctuary: Toward a New System of Crime Control.* Wipf and Stock.

Boyes-Watson, C., and K. Pranis. 『서클로 나아가기』 *Circle forward*. 대장간 역간, 2018.

Boyes-Watson, C., and K. Pranis. 『서클로 여는 희망』 *Heart of hope.* 대장간 역간, 2020.

Brown, M. (2018). *Creating Restorative Schools: Setting Schools up to Succeed.* Living Justice Press.

Brummer, J. (2021). *Building a Trauma-Informed Restorative School: Skills and Approaches for Improving Culture and Behavior*. Jessica Kingsley Publishers.

Burnett, N., & Thorsborne, M. (2015). *Restorative Practice and*

Special Needs: A Practical Guide to Working Restoratively with Young People. Jessica Kingsley Publishers.

Claassen, R., and R. Claassen. 2008. *Discipline that Restores*. South Carolina: BookSurge Publishing.

Claassen, R., and R. Claassen. 2015. *Making things right: Activities that Teach Restorative Justice, Conflict Resolution, Mediation, and Discipline that Restores*. North Charleston, SC: BookSurge Publishing.

Davis, F. E. (2019). *The Little Book of Race and Restorative Justice: Black Lives, Healing, and US Social Transformation*. Good Books.

Graveline, F. J. (1998). *Circle Works: Transforming Eurocentric Consciousness*. Fernwood Publishing.

Hendry, R. 2009. *Building and Restoring Respectful Relationships in Schools: A Guide to Using Restorative practice*. Abingdon, UK: Routledge.

Holtham, J. 2009. *Taking Restorative Justice to Schools: A Doorway to Discipline.* Del Hayes Press.

Hopkins, B. 2004. *Just Schools: A Whole School Approach to Restorative Justice*. London: Jessica Kingsley Publishers.

Hopkins, B. 2011. *The Restorative Classroom: Using Restorative Approaches to Foster Effective Learning.* London: Optimus Education.

Hopkins, B. (ed.) 2016. *Restorative Theory in Practice: Insights into What Works and Why*. Jessica Kingsley Press.

Karp, D. 『대학에서의 회복적 정의』 *The Little Book of Restorative Justice for Colleges and Universities.* 대장간역간, 2019.

Kelly, V., & Thorsborne, M., eds. (2014). *The Psychology of Emotion in Restorative Practice: How Affect Script Psychology*

Explains How and Why Restorative Practice Works. Jessica Kingsley Publishers.

Lewis., T., & C. Stauffer. (eds). (2021). *Listening to the Movement: Essays on New Growth and New Challenges in Restorative Justice.* Cascade Books.

Morrison, B. 2007. *Restoring Safe School Communities: A Whole School Response to Bullying, Violence and Alienation*.Sydney, Australia: The Federation Press.

Pointer, L., K. McGooey & H. Farrar. 『회복적 정의 어떻게 배울 것인가』 *The Little Book of Restorative Teaching Tools: Games, Activities, and Simulations for Understanding Restorative Justice Practices*. 대장간 역간, 2021.

Pranis, K. 2005. 『서클 프로세스』 *The Little Book of Circle Processes: A New/Old Approach to Peacemaking*. 대장간 역간, 2018.

Pranis, K., B. Stuart, and M. Wedge. 『평화형성서클』 *Peacemaking Circles: From Crime to Community.* KAP역간, 2016.

Reimer, K. E. (2019). *Adult Intentions, Student Perceptions: How Restorative Justice Is Used in Schools to Control and to Engage*. Information Age Publishing.

Riestenberg, N. 2012. *Circle in the Square: Building Community and Repairing Harm in School*. St. Paul, MN: Living Justice Press.

Sellman, E., H. Cremin, and G. McCluskey. 2013. *Restorative Approaches to Conflict in Schools: Interdisciplinary Perspectives on Whole-school Approaches to Managing Relationships*. Abingdon, UK: Routledge.

Stutzman Amstutz, L., and J. H. Mullet. 『회복적 학생생활 교육』 *The Little Book of Restorative Discipline for Schools*. 대장간 역간, 2017.

Thorsborne, M., and P. Blood. 2013. *Implementing Restorative Practice in Schools: A Practical Guide to Transforming School Communities*. London: Jessica Kingsley Publishers.

Thorsborne, M., Riestenberg, N., & McCluskey, G. (2019). *Getting More out of Restorative Practice in Schools: Practical Approaches to Improve School Wellbeing and Strengthen Community Engagement*. Jessica Kingsley Publishers.

Valandra, E. C., & Hoksila, W. W. (2020). *Colorizing Restorative Justice: Voicing Our Realities*. Living Justice Press.

Wadhwa, Anita. 2015. *Restorative Justice in Urban Schools: Disrupting the School-to-Prison Pipeline*. London, Routledge Press.

Winn, M. T. (2018). *Justice on Both Sides: Transforming Education through Restorative Justice*. Harvard Education Press.

Winn, M. T., H. Graham & R. R. Alfred. (2019). *Restorative Justice in the English Language Arts Classroom*. National Council of Teachers of English.

Winn, M. T., & L. T. Winn (eds.). (2021). *Restorative Justice in Education: Transforming Teaching and Learning Through the Disciplines*. Harvard Education Press.

Yoder, C. 『트라우마의 이해와 치유』 *The Little Book of Trauma Healing*. 대장간 역간, 2018.

Zehr, H. 1990, 2015. 『우리 시대의 회복적 정의』 *Changing Lenses: A New Focus for Crime and Justice*. 대장간 역간, 2019.

Zehr, H. 2002, 2024. 『회복적 정의 · 사법 리틀북』 *The Little Book of Restorative Justice*. 대장간 역간, 2024.

Zehr, H. 2002. *Journey to belonging, in Restorative Justice: Theoretical Foundations*, eds. E. G. M Weitekamp and H. J. Kerner, 23–25. Cullompton, UK: Willan Publishing.

기관 및 웹사이트

평화비추는 숲 | https://peacelight.co.kr | 070-4222-0557

비폭력평화물결 | www.peacewave.net | 02-312-1678

한국평화교육훈련원 | www.kopi.or.kr | 070-8817-8690

봄내시민평화센터

봄봄평화중심

이웃대화협동조합

평화를 만드는 여성회 갈등해결 센터 | www.peacecr.org | 02-929-4846~7

사) 아시아 청소년 교정연구원 | www.rjkorea.org | 02-3471-1084

사) 기독교 세진회 | www.sejin.org | 02-744-2022

에듀피스 | http://www.edupeace.net | 031-711-8409

슈타이너사상연구소:평화의춤 | https://steinerinstitute.tistory.com/

회복적 정의 시민사회 네트워크 | www.rj.or.kr

회복적 생활교육 연구소 | https://www.facebook.com/irpkorea/

한국회복적대화교육연구소 | http://korcc.org/

Adverse Childhood Experiences: http://www.cdc.gov/violenceprevention/acestudy/index.html

Bowen, Skye (2021). Restorative Justice: It's Complicated. https://www.youtube.com/watch?v=-X_EmYjLHE8

Canadian Restorative Justice Consortium: https://www.crjc.ca

Center for Restorative Justice (Suffolk University):http://www.suffolk.edu/college/centers/14521.php

Center for Restorative Process: http://www.centerfor- restorative-process.com/

Circle Formations: https://youtu.be/ulAgpSRHouo

Colorado Restorative Justice: http://www.rjcolorado.org

Community Justice Initiatives: Educating for Peacebuilding: http://www.cjibc.org/peacebuilding_program

Community Justice for Youth Institute (Chicago):http://cjyiorg.publishpath.com/cjyi-services

Connect RP (Ireland): https://www.connectrp.ie

Discipline That Restores (Fresno Pacific University):http://disciplinethatrestores.org/

Eastern Mennonite University Restorative Justice in Education Resources: https://emu.edu/maed/resources Institute for Restorative Justice and Restorative Dialogue (University of Texas): http://www.utexas.edu/research/cswr/rji/index.html

LBRJE Book Club: https://www.relationshipsfirstnl.com/rfpodcast

Minnesota Department of Education Restorative Practices: http://www.education.state.mn.us/MDE/ SchSup/SchSafety/RestorativePractices/index.html

National Association for Community and Restorative Justice: http://www.nacrj.org

National Centre for Collaboration in Indigenous Education: https://www.nccie.ca/lessonplan/the-circle/

Project on Restorative Justice (Skidmore College):http://www.skidmore.edu/campusrj/

Relationships First: Restorative Justice in Education:http://relationshipsfirstnl.com/

A Restorative Approach: John Martin Junior High (Halifax): https://www.youtube.com/watch?v=ggRTMNZVHYw&feature=youtu.be

Restorative Circles: http://www.restorativecircles.org/

Restorative Justice Institute of Maine: http://www.rjimaine.org

Restorative Justice International (Fresno Pacific University):http://www.restorativejusticeinternational.com/

Restorative Justice Music Education: https://www.restorativejusticemusiceducation.com

Restorative Justice for Oakland Youth (RJOY): http://rjoyoakland.org/

Restorative Justice Project of the Midcoast: http://www.rjpmidcoast.org

Restorative Lab: https://restorativelab.ca

Restorative Schools Australia: https://restorative schoolsaustralia.org/

The Restorative Way: https://www.restorativeway.com

Ripples of Relationship: https://youtu.be/NYVidRSxCyE

St. Croix Valley Restorative Justice: http://www. scvrjp.org

Two-Eared Listening for Deeper Understanding: www.twoearedlistening.com

Zehr Institute of Restorative Justice (Eastern Mennonite University): https://zehr-institute.org/

교육기관

위에서 언급한 웹사이트에서 전문 교육 정보와 비디오 자료를 접할 수 있다. 보다 공식적인 교육을 제공하는 기관은 다음과 같다.

The Center for Justice and Peacebuilding at Eastern Mennonite University: 회복적 정의 석사 과정과 18시간을 이수하는 자격증 과정을 제공한다. 정기적으로 웨비나와 워크샵과 여름집중 과정을 제공한다. http://www.emu.edu/cjp/ restorative-justice/%20/

Eastern Mennonite University 교육학부에는 회복적 교육을 특성화한 석사 과정이 개설돼 있다. 15시간 이수 자격증 과정도 있다.: http://www.emu.edu/maed/

The International Institute for Restorative Practices(IIRP)는 회복적 교육(restorative practices) 석사 과정과 교사교육을 제공한다.: http://www.iirp.edu/

Simon Fraser University는 회복적 정의에 대한 두 개의 자격증 과정을 제공한다. 두 자격증은 회복적 정의의 토대에 집중한 과정과 교육에 집중한 과정으로 구성돼 있다.: https://www.sfu. ca/continuing-studies/courses/crj/restorative-jus- tice-in-educational-settings.html.

Suffolk University Center for Restorative Justice는 교육, 법률, 형사/청소년 사법, 사회복지 및 지역사회 기반 갈등 해결 분야의 실무자를 대상으로 회복적 정의 분야의 전문성 개발 및 전문 자격증을 제공한다.: https://www.suffolk.edu/cas/centers-institutes/center-for-restorative-justice

미주

초판 서문

1) 불평등(disproportionality)은 학교 훈육 시스템에서 특정 집단의 학생들이 정학률과 퇴학률에서 높은 비율을 차지하는 현상을 일컫는다. 이 불평등은 결국 학교에서 소년원으로 가는 통로(the school -to -prison pipeline)로 이어진다. 즉, 퇴학률이 높은 특정 집단이 재소자가 될 확률이 높음을 의미한다.

2) Gregory, A., K. Clawson, A. Davis, and J. Gerewitz. 2014. The promise of restorative practices to transform teacher-student relationships and achieve equity in school discipline. *Journal of Educational and Psychological Consultation* 25: 1–29.

3) Skiba, R. J., M. I. Arredondo, and M. K. Rausch. 2014. New and developing research on disparities in discipline. *Discipline Disparities Series*. Bloomington, IN: The Equity Project at Indiana University.

Morgan, E., N. Saloman, M. Plotkin, and R. Cohen. 2014. *School Discipline Consensus Report*. New York: Council of State Governments Justice Center.

Vaandering, D. 2011. A faithful compass: Rethinking the term restorative justice to find clarity. *Contemporary Justice Review* 14(3):307–28

개정판 서문

1) 이 책에서 회복적 교육은 Restorative Justice in Education의 약자인 RJE를 소문자 rje로 표기한다. 저자들이 통용되어 사용하는 RJE 대신 rje를 사용한 이유는 회복적 교육인 RJE가 특정 프로그램이나 접근이 아닌 것을 강조하기 위해서다. rje는 특정 프로그램이 아니라 관계를 중심에 두는 모든 교육적 방식을 일컫는다. (역주: 한글 번역상 대문자와 소문자를 구별할 수 없어 번역본에는 반영되지 않음)

2) Fronius, T., S. Darling–Hammond, H. Persson, H., S. Guckenburg, S., N. Hurley & A. Petrosino. 2019. *Restorative Justice in U.S. Schools: An Updated Research Review*. WestEd.

Gregory, A., & K. Evans. 2020. *The Starts and Stumbles of Restorative Justice in Education: Where do we go from here?* National Education Policy Center.

Reimer, K. (2019). *Adult Intentions, Student Perceptions: How Restorative Justice is Used in Schools to Control and to Engage*. IAP Publishing.

Skiba, R. J., M. I. Arredondo & M. K. Rausch. 2014.
New and developing research on disparities in discipline. Discipline Disparities Series. The Equity Project at Indiana University.

Morgan, E., N. Saloman, M. Plotkin & R. Cohen. 2014. *School Discipline Consensus Report*. Council of State Governments Justice Center.

Gonzalez, T., H. Sattler & A. J. Buth. 2018. *New direc- tions in whole-school restorative justice implementation*. Conflict Resolution Quarterly, 36: 207–220.

Gonzalez, T., & R. Epstein. 2021. *Building Foundations of Health and Wellbeing in Schools: A Study of Restorative Practices and Girls of Color*. Georgetown Law Center on Poverty and Inequality.

3) Vaandering, D. 2011. A faithful compass: Rethinking the term restorative justice to find clarity. *Contemporary Justice Review* 14(3):307–28.

4) 감사의 말과 추천 자료를 참고

5) 감사의 말과 추천 자료를 참고

6) 릴라 왓슨은 1970년대 초 퀸즈랜드에서 활동했던 단체에서 이 말을 했다.Skiba, R. J., M. I. Arredondo, and M. K. Rausch. 2014. New and developing research on disparities in discipline. Discipline Disparities Series. Bloomington, IN: The Equity Project at Indiana University.

Morgan, E., N. Saloman, M. Plotkin, and R. Cohen. 2014. School Discipline Consensus Report. New York: Council of State Governments Justice Center.

Vaandering, D. 2011. A faithful compass: Rethinking the term restorative justice to find clarity. Contemporary Justice Review 14(3):307–28

개정판 감사의 말

1) Bowen, Skye. 2021. Restorative Justice: It' s Complicated. https://www.youtube.com/watch?v=-X_EmYjLHE8

Bowen, Skye. 2021. Push Out: Anti-racist Reads. https://www.listennotes.com/podcasts/anti-racist/ep-03-pushout-ft-skye-bowen-2-DYNJVmQ4z/

Bowen, Skye. 2021. Building to Last with Educator, Champion and Advocate Skye Bowen. Episode 20 of Building to Last: https://voiced.ca/podcast_episode _post/building-to-last-with-educator-champion-and -advocate-skye-bowen/

2) Davis, F. 2019. *The Little Book of Race and Restorative Justice*. Good Books.

3) Valandra, E. 2020. *Colorizing Restorative Justice*. Living Justice Press.
4) Aquino, E., H. Manchester & A. Wadhwa. 2021. *The Little Book of Youth Engagement in Restorative Justice*. Good Books.
5) Winn, M. 2018. *Justice on Both Sides*. Harvard Education Press.
Winn, M., H. Graham & R. Renjitham. 2020. *Restorative Justice in the English Language Arts Classroom*. NCTE.
Winn, M., & T. Winn. 2021. *Restorative Justice in Education: Transforming Teaching and Learning Through the Disciplines*. Harvard Education Press.

1장: 회복적 교육의 개요

1) 정의에 대한 통합적 접근은 고대와 현대의 원주민과 영적 전통에서 찾을 수 있다. 서클의 철학인 상호연관성은 유대기독교의 샬롬과 언약의 전통과 유사하다. 4장을 참고하길 바란다.
Bianchi, H. 1994. *Justice as Sanctuary.* Indiana University Press.
Hadley, M. 2001. *The Spiritual Roots of Restorative Justice*. SUNY Press.
McCaslin, W. 2005. *Justice as Healing: Indigenous Ways: Writings on Community Peacemaking and Restorative Justice from the Native Law Centre*. Living Justice Press.
Pranis, K., B. Stuart & M. Wedge. 2003. 『평화형성서클』 *Peacemaking Circles: From Crime to Community.* KAP 역간.
Ross, R. 1996. *Returning to the Teachings*. Penguin.
Wolterstorff, N. 2008. *Justice: Rights and Wrongs*. Princeton University Press.
Zehr, H. 2005, 2016. 『우리 시대의 회복적 정의』 *Changing Lenses: A New Focus for Crime and Justice.* 대장간 역간.

2) Pranis, K. 2005. 『서클 프로세스』 *The little book of circle processes: A new/ old approach to peacemaking*, 대장간 역간.

정의와 평화 실천 시리즈 책은 회복적 정의의 철학적 토대를 다양한 관점에서 제시한다. 정의와 평화 실천 시리즈는 철학의 중요성을 강조한다.

3) 최근 미국에서 일어나는 교육 개혁 운동은 시험성적을 향상시키는 데 중점을 두고 진행되고 있다. 학교가 시험성적을 올리지 못할 경우 심각한 영향을 받는다. 교육과정을 구성할 때 학생보다 시험을 염두에 두는 협소한 교육과정을 운영한다. 시험결과로 교사와 학생의 능력을 등급으로 평가한다. 이는 회복적 정의가 주장하는 관계중심 교육관과 대치된다. 시험중심 교육과정에 대한 비판은 다음에서 더 살펴볼 수 있다. Robinson, Ken. 2010. "Changing education paradigms." http://www.ted.com/talks/ken_robinson_changing_ education_paradigms

4) Morrison, B. 2010. From social control to social engagement: Enabling the "time and space" to talk through restorative justice and responsive regulation, in *Contemporary Issues in Criminology Theory and Research*, Eds. R. Rosenfeld, K. Quinet, and C. Garcia, 97–106. Belmont, CA: Wadsworth Cengage Learning.

2장: 회복적 교육의 중요한 역사

1) Chief Mi' sel Joe. 2021. Two-Eared Listening for Deeper Understanding: Restorative Justice in Newfoundland and Labrador. www.twoearedlistening.com

2) Bowen, S. 2021. Restorative Justice Education: Returning to Our Roots.

3) For specific examples of this invitation, see: F. Davis. 2019. *The Little Book of Race and Restorative Justice*. Good Books.

Valandra, E. 2020. Undoing the first harm: Settlers in restorative justice. *In Colorizing Restorative Justice: Voicing Our Realities*. Living Justice Press. Chapter 18.

Breton, D. 2005. Digging deeper: Challenges for restorative justice. In *Justice as Healing*. Living Justice Press, pp. 409–34.

4) 감사의 말과 추천 자료를 참고

5) 불균형성(disproportionality) 학교 징계 체계 내에서 특정 학생 집단이 과도하게 대표되는 현상을 의미하며, 이는 정학 및 퇴학률 증가로 이어져 이른바 '학교에서 감옥으로의 통로' 현상을 초래한다. 이 현상은 정학률이 높은 학생들이 수감될 가능성이 더 높다는 점을 보여준다.

6) Gregory, A., R. J. Skiba & K. Mediratta. 2017. Eliminating disparities in school discipline: A framework for intervention. *Review of Research in Education*, 41(1), 253–278. https://doi.org/10.3102/0091732x17690499

Gregory, A., & K. Clawson. 2016. The potential of restorative approaches to discipline for narrowing racial and gender disparities. In R. J. Skiba, K. Mediratta & M. K. Rausch (eds.), *Inequality in school discipline: Research and practice to reduce disparities* (pp. 153–170). Palgrave Macmillan.

7) National Centre for Truth and Reconciliation. 2015. *Truth and Reconciliation Calls To Action*.

8) Truth and Reconciliation Commission of Canada. 2015. *Canada's Residential Schools: Missing Children and Unmarked Burials*. McGill–Queen' s University Press.

9) Sinclair, M. 2015. National Centre for Truth and Reconciliation. https://www.youtube.com/watch?v=wjx2z DvyzsU

10) Flood, D. 2012. *Healing the Gospel: A Radical Vision for Grace, Justice, and the Cross*. Cascade Books.

Mennonite Central Committee 2016. *The Doctrine of Discovery*. https://www.youtube.com/watch?v=WLh4INBdvOk

Assembly of First Nations (January 2019). *Dismantling the Doctrine of Discovery*. Ottawa.

Zehr, H. 2015. Covenant justice: The Biblical alternative. 『우리 시대의 회복적 정의』*Changing Lenses*. 8장. 대장간 역간.

11) 이 이야기는 저자인 우리의 이야기다. 비원주민으로서 우리는 성장하며 접하고 속해 온 다양한 신앙 전통의 영향을 받아왔다. 우리 둘 모두 각자의 신앙 공동체에서 가르침과 전통, 실천 속에 존재하는 위선으로 인해 고민해왔다. 우리 둘 모두에게 회복적 정의와 회복적 교육은 이를 비판하고 재평가하며, 우리 신앙 공동체가 더 나아지도록 촉구할 기회를 마련해 주었다. 이 모든 과정을 통해 회복적 정의는 우리로 하여금 신앙의 본질을 재발견하게 했다. 그 신앙은 결코 식민주의와 억압적 권력의 렌즈를 통해 해석하도록 의도한 것이 아니었다.

12) Winn, M. 2018. *Justice on Both Sides*. Harvard Education Press. See also, https://diversity.ucdavis.edu/sites/g/files/dgvnsk731/files/inline-files/Winn_TeachingWorks_5PS.pdf

13) For information about the history of VORP and VOC, see: Sullivan, D., & L. Tifft. 2006. *Handbook of restorative justice: A global perspective*. Milton Park, UK: Routledge.

14) Skiba, R. J. 2000. *Zero tolerance, zero evidence: An analysis of school disciplinary practice*. Indiana Education Policy Center.

15) Anderson, C. L. 2004. Double jeopardy: The modern dilemma for juvenile justice. *University of Pennsylvania Law Review* 152(3): 1181-1219.

16) CBC. April 13, 2007. Ontario agrees to end zerotolerance school policy. http://www.cbc.ca/news/canada/toronto/ontario-agrees-to-end-zero-tolerance-school-policy-1.671464.

17) American Psychological Association. (2008). Are zero tolerance policies effective in the schools? An evidentiary review and recommendations. *American Psychologist* 63(9): 852-62.

18) U.S. Department of Education, Office for Civil Rights. October 26, 2010. Dear colleague letter: Harassment and bullying. http:// www2.ed.gov/about/offices/list/ocr/letters/colleague-201010.html.

19) Morrison, B., & D. Vaadering. 2012. Restorative justice: Pedagogy, praxis, and discipline. *Journal of School Violence*, 11(2).

20) See Teaching Works working papers such as: https://diversity.ucdavis.edu/sites/g/files/dgvnsk731/files/inline-files/Winn_TeachingWorks_5PS.pdf

21) https://emu.edu/maed/restorative-justice

22) https://www.sfu.ca/continuing-studies/courses/crj/restorative-justice-in-educational-settings.html

23) Gregory, A., & K. Evans. 2020. *The Starts and Stumbles of Restorative Justice in Education: Where do we go from here?* National Education Policy Center.

24) Several key documents to guide in-depth engagement with anti-racist and culturally informed practice include: Evans, K., B. Morrison & D. Vaandering. 2019. Critical Race Theory and Restorative Justice Education in *Listening to the Movement: Essays on new growth and new challenges in Restorative Justice*, Wipf & Stock Publishers.

Boyes-Watson, C., & K. Pranis. 2020. Module 14: Moving Toward Racial Equity-Starting with the Adults. In 『서클로 나아가기』 *Circle Forward*. 대장간 역간.

Joseph, A., R. Hnilica & M. Hansen. 2021. Using Restorative Practices to Reduce Racially Disproportionate School Suspensions: The Barriers School Leaders Should Consider During the First Year of Implementation. *Taboo: The Journal of Culture and Education*, 20(2).

Lustick, H. 2020. Culturally Responsive Restorative Discipline.

Educational Studies. 56(6). pp. 555-583.

Parker, C. 2020. Who's in and who's out? Problematizing peacemaking circles in diverse classrooms. In *Colorizing Restorative Justice*. Living Justice Press, pp. 65-86.

Song, S., J. Eddy, H. Thompson, B. Adams & J. Beskow. 2020. Restorative consultation in schools: A systematic review and call for restorative justice science to promote anti- racism and social justice. Journal Of Educational And Psychological Consultation, 30(4).

Wadhwa, A. 2020. "What do you want, reparations?" Racial Microagressions and restorative justice. In *Colorizing Restorative Justice*. Living Justice Press, pp. 159-172.

Wilson, Sheryl. 2020. Calling out whiteness. *In Colorizing Restorative Justice*. Living Justice Press,pp. 103-114.

25) Brummer, J. 2020. *Building a Trauma-Informed Restorative School*. Jessica Kingsley Publishers.

3장: 회복적 교육의 신념과 가치

1) Zehr, H. 1990, 2016. 『우리 시대의 회복적 정의』 *Changing Lenses: A New Focus for Crime and Justice*. 대장간 역간.

2) Pajares, M. F. 1992. Teachers' beliefs and educational research: Cleaning up a messy construct. *Review of Educational Research* 62(3): 307-32.

Willard, D. 1999. *Spiritual formation meets the gospel*. Regent College Lectures.

3) 서구 신자유주의와 회복적 정의에 관한 내용은 다음을 참고한다.:

Llewellyn, K., & J. Llewellyn. 2015. A restorative approach to learning: Relational theory as feminist pedagogy in universities, in *Feminist Pedagogy in Higher Education: Critical Theory and Practice*, Eds.T. Light, J. Nicholas & R. Bondy,

11–32. Wilfrid Laurier University Press.

4) Boyes–Watson, C., & K. Pranis. 2015, 2018. 『서클로 나아가기』 *Circle Forward*. 대장간 역간.

5) 관계의 세 가지 핵심 가치는 다음 자료에 잘 정리되어 있다.: Llewellyn, J. 2012. Restorative justice: Thinking relationally about justice, in *Being Relational*, Eds. J. Downie & J. Llewellyn. Vancouver: UBC Press.

6) 다음 자료에 자세한 내용이 실려있다.:

Vaandering, D. 2011. A faithful compass: Rethinking the term restorative justice to find clarity. Contemporary Justice Review 14(3): 307–28.

비판적 자기성찰을 위해 다음과 같은 질문을 더할 수 있다.

"나는 욕구에 초점을 맞추고 있는가? 처벌에 초점을 맞추고 있는가? 나는 사람을 관계적 혹은 독립적 존재로 바라는가? 나는 이 사람을 절대적으로 가치 있는 존재로 보고 있는가? 나는 이 사람을 가치 있는 존재로 바라볼 수 있는 공간을 창조하고 있는가?" 책에 실린 세 가지 질문은 회복적 교육의 핵심 가치와 개인의 가치를 계속 조율할 수 있도록 돕는다. 또, 이 질문은 다른 사람이 책임지는 것이 아닌 개인적 으로 책임을 지는 것에 초점을 삼을 수 있도록 안내한다.

7) Morrison, B., & D. Vaandering 2012. Restorative justice: Pedagogy, praxis, and discipline. *Journal of School Violence* 11(2): 138–55.

4장: 정의롭고 공정한 배움의 환경 창조하기

1) For an in–depth discussion of the concepts of shalom and sedeqah, see:

Marshall, C. 2005, 2016. 『성서는 정의로운가』 *Little Book of Biblical Justice*. 대장간 역간.

2) Akrami, Amir. 2016. Yale Divinity School, personal correspondence.

3) Yazzie, R. "Life comes from it": Navajo justice concepts. https://www.amizade.org/wp-content/uploads/2011/07/LifeComesFromIt.doc.

4) Elliot, E. 2011. The geometry of individuals and relationships, in *Security with care*, 139. Blackpoint, NS: Fernwood Publishers.

5) Franklin, U., & M. Swenarchuk. 2006. *The Ursula Franklin reader*. Toronto: Between the Lines.

6) Boyes-Watson, C., & K. Pranis. 2015, 2018. 『서클로 나아가기』 *Circle forward*, 대장간 역간.

7) American Psychological Association. 2008. Are zero tolerance policies effective in the schools? An evidentiary review and recommendations. *American Psychologist* 63(9): 852-62.

비록 책에서 학생을 예로 들어 설명했지만 교육 시스템은 교사에게도 피해를 준다. 예를 들어 무관용정책은 교사에게 양심을 저버리는 행동을 하게 한다.

8) 40년간의 데이터가 교육에서 집단 간 불평등을 증명한다. 이를 증명하는 자료는 다음과 같다.:

Fenning, P., & J. Rose. 2007. Overrepresentation of African American students in exclusionary discipline: The role of school policy. *Urban Education* 42(6): 536-59.

Gregory, A., R. J. Skiba & P. A. Noguera. 2010. The achievement gap and the discipline gap: Two sides of the same coin? *Educational Researcher* 39(1): 59-68.

U.S. Department of Education, Office for Civil Rights. October 26, 2010. Dear colleague letter: Harassment and bullying. http:// www2.ed.gov/about/offices/list/ocr/letters/colleague-201010.html.

9) Standard VI reads: "협의회 가입 추천인에 대한 조건은 다음과 같다.

"사회정의, 다양성, 공정, 학생 정체성에 관한 이론과 연구 역량을 갖추고, 학교를 학생의 국어 능력을 향상시키는 교육의 장으로 간주하는 자" Located at www.ncte.org.

10) Sullivan, D., and L. Tifft. 2001. *Restorative justice: Healing the foundations of our everyday lives*, 167. Monsey, NY: Willow Tree Press.

11) 다음 자료에 자세한 내용이 실려있다.:

Deci, E. L., & R. M. Ryan. 1991. A motivational approach to self: Integration in personality. *Perspectives on motivation*. Lincoln, NE: University of Nebraska Press.

Glasser, W. 1985. Discipline has never been the problem and isn't the problem now. *Theory* into Practice 24(4): 241–46.

12) Zehr, H. 2002. Journey to belonging, in *Restorative justice: Theoretical foundations*, Eds. E. G. M. Weitekamp and H. J. Kerner, 23–25. Cullompton, UK: Willan Publishing.

13) Freire, P. 1970. *Pedagogy of the oppressed*. New York: Continuum Press.

14) Vygotsky, L. S. 1986. *Thought and language*, 39. Cambridge, MA: MIT Press.

15) 학교 구성원의 다양성에 관한 자료는 다음과 같다.:

Tomlinson, C. A. 2014. *The differentiated classroom: Responding to the needs of all learners*. Alexandria, VA: ASCD.

16)다음 자료에 자세한 내용이 실려있다.:

Ladson-Billings, G. 1990. Culturally relevant teaching: Effective instruction for black students. *The College Board Review* 7(15): 20–25.

Ladson-Billings, G. 1995. Toward a theory of culturally relevant pedagogy. *American Educational Research Journal* 32(3): 465–91.

17) 화이트워싱(역주:미국 영화 산업 용어 중 하나로, 백인이 아닌 인물을 백

인 배우로 캐스팅하는 행태를 의미한다)은 일상에서 차별을 경험하는 소수의 시각을 배제한 채 주류의 시각으로 다양성을 표방한다. 화이트워싱을 진심으로 피하고 싶다면, 소수 집단 청소년들의 생각을 듣는 공간을 더 많이 만들어야 한다. 교육과정에 공정의 요소를 통합한 자료는 다음에서 확인할 수 있다.:

Gorski, P., and Swalwell, K. 2015. Equity literacy for all. *Educational Leadership* 72(6): 34–40.

18) 다음 자료에 예시가 있다.:

U.S. Department of Education, Office for Civil Rights. October 26, 2010. Dear colleague letter: Harassment and bullying. Retrieved from http:// www2.ed.gov/about/offices/list/ocr/letters/colleague-201010.html.

19) 파울로 프레리와 벨 훅스의 업적은 회복적교육을 더욱 깊게 이해하는 데 도움을 준다. 두 사람의 가르침은 4장의 개념과 타자를 인간화하기라는 우리의 이해에 녹아져 있다. 다음을 참고하기 바란다.:

Vaandering, D. 2010. The significance of critical theory for restorative justice in education. *Review of Education*, Pedagogy, and Cultural Studies 32(2):145-76.

20) Vaandering, D. 2010. The significance of critical theory for restorative justice in education. *Review of Education, Pedagogy, and Cultural Studies* 32(2):145-76.

이 논문에서 반더링은 잠재적 교육과정으로, 교사가 의식하지 못하는 보이지 않는 편견을 광범위하게 다뤘다.

21) 회복적 교육과 교육학론에 관한 정보는 아래 책과 논문에서 찾을 수 있다.

Winn, M. T., H. Graham & R. R. Alfred. 2019. *Restorative justice in the English language arts classroom*. National Council of Teachers of English.

Winn, M. T., & L. T. Winn (eds.). 2021. *Restorative justice in education: Transforming teaching and learning through the disciplines*. Harvard Education Press.

Parker, C., & K. Bickmore. 2020. *Complexity in restorative justice education circles: Power and privilege in voicing perspectives about sexual health, identities, and relationships*. Journal of Moral Education.

22) Ladson-Billings, G. 1995. Toward a theory of culturally relevant pedagogy. *American Educational Research Journal* 32(3): 465-91.

23) http://www.schooltalkdc.org/

24) https://specialedcoop.org/

25) See also the I' m Determined program sponsored by the Virginia Department of Education: www.imdetermined.org/

5장: 건강한 관계로 성장하기

1) Clinton, J. 2013. *The power of adult child relationships: Connection is the key*. Ontario: Queen' s Printer for Ontario.

2) Boyes-Watson, C., and K. Pranis. 2015, 2018. 『서클로 나아가기』 *Circle forward*, 17-19. 대장간 역간.

이 책은 회복적 교육 맥락에서 힘에 대해 더 상세한 설명을 제공한다.

3) This matrix is a slight variation on several others. See for example:

Vaandering, D. 2013. A window on relationships: Reflecting critically on a current restorative justice theory. *Restorative Justice: An International Journal* 1(3): 311-33.

4) Elliot, E. 2011. The geometry of individuals and relationships, in *Security with care*. Blackpoint, NS: Fernwood Publishers.

이 개념은 우리에게 표5-1에서 나타나는 모든 관계에서 '존귀하게 여기는가?',' 평가하고 있지 않은가?', '어떤 의도를 전달하고 있는가?' 를 물을 때 자기성찰로 초대한다. 표5-2 관계의 원 표를 성찰할 때도 잠시 시간을 내어 비판적으로 내가 맺는 관계를 자아성찰하고 변화의 가능성에 열린 마음을 취하고 모색해 보길 바란다.

5) Vaandering, D. 2014. Relational restorative justice pedagogy in educator professional development. *Curriculum Inquiry* 44:4. 다음 영상을 통해 '관계의 원' 개념을 더 자세히 알 수 있다. https://www.youtube.com/watch?v=NYVidRSxCyE

6) 표5-2는 다음에서 발췌했다:
Vaandering, D. 2014. Relational restorative justice pedagogy in educator professional development. Curriculum Inquiry 44(4): 508–30.

7) Nelson, M. 1999. Becoming Metis, in At Home on the *Earth: Becoming Native to Our Place*, 115. Berkeley, CA: University of California Press.

8) Boyes–Watson, C., and K. Pranis. 2015, 2018. 『서클로 나아가기』 *Circle forward*, 대장간 역간.

6장: 피해를 회복 및 갈등 전환하기

1) Zehr, H. 1990. 『우리 시대의 회복적 정의』 *Changing lenses: A new focus for crime and justice,* 대장간 역간.

2) Ibid.

3) Casella, R. 2003. Zero tolerance policy in schools: Rationale, consequences, and alternatives. *Teachers College Record* 105(5): 872–92.

4) American Psychological Association. 2008. Are zero tolerance policies effective in the schools? An evidentiary review and recommendations. *American Psychologist* 63(9): 852–62.

5) 아동기 부정적 경험 검사는 잠재적으로 정서적 건강에 영향을 미칠 수 있는 아동기의 경험 10가지로 구성돼 있다. 검사에서 높은 점수를 받은 사람은 아동기에 다양한 부정적 경험을 한 것이다. 다음 사이트는 아동기

부정적 경험 검사에 대한 정보를 제공한다.: https:// www.cdc.gov/violenceprevention/aces/index.html

6) Yoder, C. 2007. 『트라우마의 이해와 치유』 *The Little Book of Trauma Healing*. 대장간 역간.

7) Yehuda, R., N. P. Daskalakis, L. M. Bierer, et al.2016.
홀로코스트 경험이 단백질 메틸화 과정(FKBP5)에서 다음 세대로 유전됨이 밝혀졌다. *Biological Psychiatry* [advance online publication]. http://www.biological psychiatryjournal.com/article/S0006-3223(15) 00652-6/abstrac

Limmena, M. 2021. *How intergeneratinal trauma affects Indigenous communities. Science Borealis*. https://blog.scienceborealis.ca/how-intergenerational-trauma-affects-indigenous-communities/

Middelton-Moz, J., F. Mishna, R. Martell, C. Williams & S. Zuberi. 2021. *Indigenous trauma and resilience: pathways to 'bridging the river' in social work education, Social Work Education*

8) 왈라왈라 고등학교 이야기를 알고 싶으면 Paper Tigers 다큐멘터리를 보기를 바란다. 이에 대한 정보는 다음에서 찾을 수 있다.: https://www.wwcc.edu/blog/paper-tigers/.

9) Hicks, D. 2011. 『관계를 치유하는 힘, 존엄』 *Dignity: Its essential role in resolving conflict*. 검둥소 역간.

10) Zehr, H. 2002, 2024. 『회복적 정의 · 사법 리틀북』 *The Little Book of Restorative Justice*, 대장간 역간.

11) Stutzman Amstutz, L., & J. H. Mullet. 2005, 2017. 『학교 현장을위한 회복적 학생생활교육』 *The Little Book of Restorative Discipline for Schools*, 대장간 역간.

12) Sullivan, D., & L. Tifft. 2001. *Restorative justice: Healing the foundations of our everyday lives*. Monsey, NY: Willow Tree Press.

13) Dewey, J. 1922. Human nature and conduct: An introduction to social psychology. New York: Holt.
14) Kohl, H. 1995. *I won't learn from you*. New York: New Press.
15) Marcucci, O. February 2016. *The role of teacher buy-in in a restorative justice in a predominantly black school*. Paper presented at the Ethnography in Education Forum, Philadelphia, PA.
16) Breton, D. 2012. Decolonizing restorative justice *Tikkun*, Winter 2012: 45–47.

7장: 두 학교 이야기 – 지속 가능성에 대한 생각

1) https://nepc.colorado.edu/publication/restorative–justice
2) Reimer, K. E. 2020. Beyond order (Chapter 12). In *The School Leadership Survival Guide*. pp. 201–14.
   Blood, P., & M. Thorsborne. 2013. Understanding the change process. In I*mplementing Restorative Practices in Schools: A Practical Guide to Transforming School Communities*. London. Jessica Kingsley Press.
   Vaandering, D., & D. Voelker. 2018. *Relationships First Implementation Guide: A Holistic, Whole School, Responsive Approach*. From: https://www.relationshipsfirstnl.com/_files/ugd/556f9d_1d363a4b–1d3846e096e2517f683261b2.pdf
3) Aquino, E. Manchester, H., & A. Wadhwa. 2021. 『청소년과 함께 하는 회복적 정의』 *The Little Book of Youth Engagement in Restorative Justice*. 대장간 역간.
4) 회복적 교육을 평가하는 관련 정보를 얻고 싶은 이에게 추천하는 자료는 다음과 같다.:
   Brown, M. A. 2021. We cannot return to "normal": A post–COVID call for a systems approach to implementing restorative

justice in education (rje).

LAWS: Ambitions and Critiques of Restorative Justice (Special Edition), 10(68), https://doi.org/10.3390/laws10030068.

Brown, M. A., & S. Di Lallo. 2020. Talking circles: A culturally responsive evaluation practice. *American Journal of Evaluation*. 41(3), 367–83 doi:10.1177/1098214019899164

Thorsborne, M., N. Riestenberg & G. McCluskey. 2019.

학교 밖 회복적 실천을 알고 싶은 이에게 추천하는 자료는 다음과 같다.: *Practical approaches to improve school wellbeing and strengthen community engagement*. Jessica Kingsley Publishers.